行家

这样寻宝

曾肃良◎著

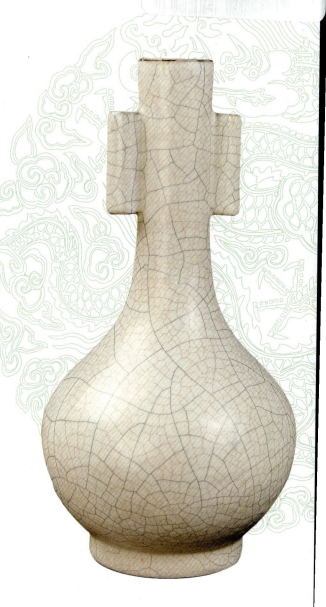

 中国出版集团
 现代出版社

自序

  我从小学习美术、书法与作文，因为在幼年之时便显露出绘画、书法与写作的才能，常常代表学校参加各项艺文竞赛。高中以后，对文学艺术兴趣越来越浓厚，1980年考进中国台湾师范大学美术学系就读，退伍之后，再进入硕士与博士的阶段深造。曾先后在电视中心、古董公司、画廊与艺术杂志社工作，并在大学担任艺术课程讲师，从事书画创作、写作与教学，并深入观察海峡两岸的艺术市场，一直与艺术形影不离。

  与其他艺术史学者不同之处是，我除了理论研究，也关注实务导向的研究，喜欢从实际的文物艺术品上发掘真相，从物件学习审美的知识，并进一步累积鉴识真伪与年代的经验、技术与知识。

  我从1987年开始从事文物艺术品研究与购藏，至今已将近30年，在学习过程中，惊觉到艺术市场赝品泛滥的情况越来越严重，为了鉴识并避免购藏赝品，积极充实自己的实务经验，我一方面到处搜集各种文物艺术品的样品或残片，包括书画、陶瓷、青铜器、鼻烟壶、玉器、玛瑙、家具、唐卡、镏金佛像等；另一方面，参访世界各地的公私立博物馆、美术馆与考古遗址，努力搜集资料，一点一滴地建立鉴识文物艺术品的基础。

2001 年，我从英国学成返回台湾，2002 年在台湾云林科技大学文化资产维护研究所开设了"文物鉴定学"课程，应该是台湾最新颖的课程之一。初开设时被视为冷门课程，许多教授与研究生不理解此课程，但是随着文物艺术品鉴定需求的增长，这门课程越来越受到重视，直到现在，这门课程仍然相当受欢迎。

2012 年，年代电视台"女人要有钱"节目制作单位来找我，希望我能上电视节目，担任文物艺术品鉴定的专家，我抱持着将知识与经验分享给大众，以及推广审美与文物知识的动机，开始在节目中担任鉴定专家，意想不到地受到广大观众的欢迎，收视率曾经攀升到 1.6 的高点。请求鉴定文物的信件与电话纷至沓来，至今未曾中断。

有关文物艺术品鉴定的电视节目，最早起源于文物拍卖大国：英国广播公司 BBC "Road Show"，后来跟进的是东京电视台的"开运なんでも鉴定团"以及北京卫视的"天下收藏"等节目，都引起广大的热潮与回响。这些广受欢迎的文物鉴定节目，说明现今文物艺术品收藏与交易的鼎盛风气，促使文物艺术品鉴识与鉴价的需求大幅提升。

2000 年以后，中国经济起飞，文物艺术品的收藏风气日益兴盛，目前艺术市场每年的交易量已经占世界艺术市场交易量的一半以上，价格飙升，赝品泛滥，引起许多争议，文物艺术品鉴定的舆论呼声此起彼落。文化部早在数年前已经开始导正乱象，成立了鉴定研究单位，进行艺术品鉴定科学的实务技术研究，近来更在文化部国家文物局下成立了文物鉴定分析中心。可以想见，随着文化艺术受到群众重视，博物馆、美术馆与艺术市场活动的兴盛，中国文物艺术品的鉴定将是 21 世纪的重点工作。

文物艺术赝品干扰学术研究，扰乱我们对真相的认知，更降低艺术收藏的意愿，引发艺术市场纷争，这些都会影响收藏与赞助文化艺术的意愿，更进一步影响文物艺术品的保存维护、艺术家的创作与生存。

然而，文物艺术品鉴定人才的培育并非一朝一夕之功，鉴定的基础在于审美的能力，而审美能力的提升在于艺术史与美学知识的深化。在 21 世纪科技发展的时代，赝品制作技术日新月异，伪品逼肖真品，难以分辨，传统的鉴定知识与技术已经无法全面胜任，必须借助科学仪器帮助，进行材料学与工艺技术的检测与分析。在此过程中，必须透过大量检测真迹作品，分门别类地建置出各项材料与技术资料库。这些都是长久而持续的工程，需要文化艺术人才与科学人才携手合作，逐步建置出整套合理而完整的鉴定机制。

鉴定文物艺术品，追求历史与知识的真相，通过鉴定才有后续鉴价的需求，"鉴定"与"鉴价"是一项严谨的工作，文物艺术的范围太广，品类繁多，每一项都需要专人细心研究。我虽然学习艺术，但是面对文物艺术品的鉴定工作，常常觉得才疏学浅、力有未逮，仍需多方精进努力。诚挚期待十方博雅君子、爱好文物艺术收藏与研究的朋友继续给予鼓励，更期待对文物鉴定有兴趣的朋友加入此一学科研究的阵营。

2015 年 1 月 10 日

于台湾新北市林口

鹤野文物艺术品鉴定咨询中心　灯下

目录

第一章

建立知性的
收藏力量

⟐ 除了真假，美不美很重要

我在英国莱斯特大学博物馆学研究所攻读的是博物馆学，这是一门多元而复杂的新兴学，而我主要的研究领域是艺术收藏、艺术品鉴定与艺术市场。

我阅读许多西方收藏家的藏品图录，了解这些收藏家的品位如何形成，也尝试理解西方艺术品市场机制的建立与制度等，有感于西方收藏者不论公立博物馆、美术馆还是私人收藏家，都以一种知性的态度面对收藏。2001年，我回到台湾，以写文章、演讲与上课的方式宣扬西方知性与系统化的收藏方式，希望帮助台湾收藏家建立自己的美学价值与鉴定能力。

多年以来，我看过太多收藏家纯粹从兴趣与喜好出发，但因缺乏章法，往往穷尽一生花费大量时间与金钱，却买到一屋子价值不高的文物艺术品，甚至有许多假货。事实上，购买文物艺术品的逻辑，与一般购买量产商品大不相同，收藏文物艺术品必须具备很高的人文与艺术素养，否则很难找到好的物件。

文物艺术品的特质，除了具有历史感与美感之外，更重要的是它的稀有性与唯一性——往往存世就只有这么一件，流通性低，隐秘性高。除此之外，文物艺术品与精品、3C产品不同，很多文物艺术品没有附带保证书，即使有，也不能尽信，必须仔细再行审视，因此，收藏家本身就要具备基本的"鉴定真伪"能力，才能判别真假、好坏与年代。

除了真假的问题之外，你买的文物艺术品到底美不美？是否具有艺术性、独特的艺术价值？它跟别人收藏的作品有什么不同？这涉及艺术审美的能力，所以说行家如果要寻宝，鉴定真伪、鉴别艺术价值与美丑是两项很重要的能力。

🌀 鉴识文物艺术品的基础：一流的审美能力

鉴识文物艺术品的基础在于建立一流的审美能力，如果你曾经到欧洲先进国家，像英国、法国、德国与奥地利等，就会感叹其城市充满了文化与艺术的优雅气息。

一般人认为这是经济发展的结果，却没有深刻理解，形成此种都市气氛的因素，除了政治开明、社会稳定、经济繁荣之外，还在于教育与文化艺术的水准。这里的居民拥有较高的审美素质以及对艺术的爱好与追求，这种文化底蕴需要经过时间累积、酝酿，才得以慢慢形塑出来。

台湾虽然也在进步，但是都市环境无法给人独特而深层的文化感受，关键在于国民审美素养，一个内心汲汲营营，以追求功利为主的社会，忽略了日常生活与生命品质的提升，投射到居住环境中，就使环境充满功利与实用的冰冷气息。

我从师大美术学系毕业之后，曾经被分配到国中担任美术教师，常常遇到国文、英文与数学科老师来借课，我与音乐老师以校内"最没升学压力的教师"自我解嘲。

这样一个以升学主义为导向的教育，教出来的学生能有美学素质吗？

20年前如此，20年后的今天依然如此。台湾的教育忽略对人文艺术、美学的培养，国中以上的学校除了相关科系的学生，会去参观展览的人可谓少之又少。审视现在国中、高中的美术课本与音乐课本，讲授西方艺术的比例过高，中国大陆与台湾地区本土文化艺术的介绍比例太少，难怪我们培养出来的年轻一代有着强烈的文化自卑感，对中华历史文化懵懂无知，许多艺术的表现与内涵充满了崇洋、"哈日"与"哈韩"的心态。

尽管现在大学里设置了许多与文化艺术相关的通识课程，课程的素质仍有待商榷。由于社会充满功利思想，加上对文化艺术创作的冷漠，使不少学生看待通识课程，还是抱持着营养学分的心态。

✿ 台湾多数人对艺术一知半解

训练太少就无法进一步培养对审美价值的判断。我在教学生涯中，常常发现当我带领学生去美术馆看画时，每个学生几乎只听我解析，或是转过头对画作打量；然而很少有学生勇于评论这幅画好看在哪里，或是不好看在哪里。

我们不能苛责学生沉默不语，因为大部分人的艺术学习远远不足，对艺术一知半解，没有能力也不敢评论艺术作品，可是批评与评论是提升审美能力的方法之一，先能分辨艺术品的好坏，进而才能建立自己对审美价值的判断。

依据教育学者的意见，审美的训练越小开始培养越好。台湾长久以来不足的美学教育，使民众审美训练不足，最后导致收藏家与博物馆员工的素质比较低。整个社会对艺术品的"美不美、好不好"不敢评断，在这样脉络下培养出的收藏家，徒有财富、自诩风雅，土豪巨贾怎么可能有令人赞叹的收藏？

或许可以运用大笔金钱到国际拍卖场举牌叫进，资本家的家里多了炫富的装饰品，却对整体社会文化艺术水准的提升助益甚少，因为文物艺术品的收藏意义，不在于满足个人占有欲与消费欲，而在于赞助社会整体文化艺术的发展，唤起文化与艺术自觉。根据欧洲学者的研究，一个文化艺术水准越高的社会，社会越安定，族群越和谐。

不论古今中外，著名的文物艺术品收藏家都属于当时社会的文化精英，是社会"精英中的精英"，他们拥有财富、拥有文化艺术的素养，也有意愿为传承历史、文化与艺术而克尽己力，收藏家花费心力与金钱，为大众聚集可以流传后世的文物艺术品，这种文化责任是在为民族、为社会写历史，足称伟大而有意义的"心灵功德"。历史告诉我们，一流的文物艺术品乐于追随有财富又有文化水准的知音。

一流的收藏家往往不是最有钱的，而是最有"心"的人。

或许有人质疑，文物艺术品的好坏基于主观想法，不见得每个人的看法一致。的确，以前的老师都说审美没有标准，是主观且感性的判断。但我要跟各位说，真正的审美不仅主观，也客观；不只感性，也包含理性成分。好比我们欣赏一幅画，一开始先用主观与感性的态度告诉自己这幅画美不美，但要判断这幅画是否符合自己的审美价值时，就必须用理性来思考。文物艺术品的审美不仅是主观判断，鉴定真假、年代、好坏都是理性的过程。在这个观点上，西方的学者早已经开始慢慢修正，期望台湾也能够迎头赶上。

🌀 乐于审美与乐于投资

台湾地区的收藏家与西方先进国家的收藏家，收藏艺术品的理由也大不相同，西方的收藏家喜好以赞助者（Patron）自居，发掘还未出名的艺术家，通过购买作品，以财富鼓励与支持艺术家，期望他最后能受到社会肯定而大红大紫，证明收藏家的眼光是先验而正确的。

台湾的收藏家大部分抱着投资者的态度，大部分人都是看着报章、杂志、电视等媒体购买文物艺术品，有增值空间，或是艺术家很有名气才下手购买。

两者的区别在于：西方收藏家享受知性与感性的审美乐趣，期待自己的审美价值受到肯定，赞助与扶植艺术工作者。而台湾收藏家享受的是商品消费与交易的过程，期待个人财富增值与炫富的骄傲与喜悦，甚至是转手后高价卖出的获利。

如果收藏家抱持着投资心态，就像投资股票市场一般，必须关注媒体信息，哪一位艺术家的作品创出高价，哪一位行情后势看涨等，最后落入充斥着炒作氛围的市场心态，而非享受文物与艺术收藏所带来的人生乐趣。尽管西方艺术市场也会有炒作的行为，但因为收藏家大多有自己的审美价值，收藏的观念不同，所以收藏文化也大相径庭。

在功利气氛之下，台湾愿意冒险、有主张的收藏家比例太少，所以很多好的台湾艺术家都是先受到台湾以外艺术经纪人或是收藏家的注目，行情才开始看涨，像赵春翔是其画作的价格高涨后，才受到华人市场注目，或像华裔画家常玉受到法国的收藏家推崇之后，我们才开始关注。

20世纪中期以后，台湾的现代化、实验性画家，都是由外国经纪人与收藏家先支持与赞助。如今已经被证明是当时美术史重要的代表性画家陈其宽、刘国松等人就是很好的例子。追根究底，是因为我们的收藏家缺乏个人审美主张，缺乏艺术价值的判断能力。

没有审美的能力就没有审美的主张，收藏者只能人云亦云，追求现今媒体炒作的艺术品，而媒体炒作的背后势力为何？各位可想而知。

当收藏者买了一屋子的艺术品，却没有自己的审美价值主张，这不是在享受寻宝之乐，而是一种商品投资、名牌消费，或是可以称为"乱枪打鸟"的寻宝法。

收藏家可以激发艺术家进步

近年来，我应邀在两岸三地教授文物与艺术品鉴赏课程（图1-1、图1-2），也举办多次考古文物参访旅游团（图1-3），发现有越来越多的年轻收藏家，为了增进自身鉴定与审美的能力而参加课程，不论在中国大陆、台湾与港澳地区，整体的学习人数日趋增多。而且来听课的目的也不同，以前来听课的人纯粹是喜欢艺术品，浪漫抒情的成分居多，以感性为动机；现在来的人则希望以专业的角度来分析艺术品好坏、历史、背景知识与工艺技术，以知性为动机。

感性是一种享受，而知性是将感性带入深层思索的力量，可以肯定，未来收藏家的素质会越来越好。

收藏家的进步，同时激发艺术家创作的进步，受到肯定与支持的艺术家会更勇于尝试，并展现自我的独特性。当整体社会充满艺术审美与文化

图1-1 应邀赴北京大学讲学

图 1-2　应四川大学邀请赴四川讲学

图 1-3　率团参访古代考古遗址

创意的气息，文化艺术水准自然向上提升。

不可否认，我们每一个人都是由所处的社会培养出来的，从小接受社会给予的文化思想，形成的审美判断反映出社会认同的标准。例如，有些人喜欢含蓄典雅的品位，正是因为受到中国传统的文人美学影响。我们可以说每个民族都有一套审美传统与价值体系，收藏家必须理解这个民族的审美脉络。很多收藏家都抱持着"喜欢就买"的心态，喜欢当然可以买，艺术变成一种"消费"，但本身的审美价值是否能与身处的民族文化接轨，却透露出更重要与深沉的讯息。

建立自己的审美哲学体系

不同的民族有不同的审美文化，其差异是可贵的，西方的文化讲求"理性"与"科学"，反映在画作上就是追求精确的色彩与光影，"再现自然"是西方的美学思想。

中国的文化讲究"感性"与"本质"，反映在画作上就是强调心灵的意境，并表现出对生命、心灵的情趣。可是现在台湾很多艺术家与收藏家，受西方文化影响很深，忘却或忽略了自己的想法，创作手法是西方的技艺，审美的标准也是西方那一套思维准则，收藏模式也以符合西方标准为最终目标。

如果艺术家与收藏家没有培养出符合自身民族的美学价值，将永远都是西方文化艺术的附庸。日本与韩国就很成功地建立起自己独特的美学价值，吸引外国人学习日本与韩国文化，这值得充满文化自卑与崇洋媚外心态的台湾社会进一步深思。

台湾长久以来欠缺文化与艺术的教育，艺术家创作出来的东西又模棱两可，既有东方文化，也有西方文化，目前还找不出属于自己的独特性，这是台湾当前需要克服的课题。台湾早期的画家到美国学画，画出来的作品是美国的风格，但他们却是地地道道的台湾人，这些画家事实上都在迎合美国人的喜好。

我深深地觉得，第一流的艺术家或是收藏家都不应该迎合市场。

一个画家如果没有自己民族的特性，就没有独特感。例如，常玉虽然在法国学画，却能够站在自己固有文化的基础上，表现出独特的中国风格。

先进大国如美国、英国与日本，创作与收藏文化都有自己的审美主张，并企图引领艺术潮流，现今的中国已开始展现这样的实力，其他国家就只能亦步亦趋。一个地区收藏家的素质好坏，能展现其艺术欣赏与收藏的最高能力。

每个时代收藏家的眼光与审美价值不同，而古文物的数量与流通有限，所以现代艺术品会成为未来的收藏主流。我常跟学生说21世纪炒作的主流会是现代画，不是古画，因为古画的流动太少、赝品太多，而且古画的审美品位离我们太远，所以现代的收藏家收藏现代艺术品是很正常的现象。美国历史不像英、法或中国那么悠久，它们没有太多独特的古文物，所以自20世纪中期以来，美国收藏家除了购藏其他地区文物艺术品之外，更全力支持本土的艺术家。大陆现在全力支持艺术家，使当代与现代艺术品的价格逐年上涨。

🌀 成为让艺廊"心痛"的收藏家

行家要寻宝必须提升知识与经验，否则只会花一堆冤枉钱，早期台湾的少数收藏家素有"盲剑客"之称，因为这些收藏家一进到画廊就随便选、随便买，买的大多是华丽有余、艺术性不足的画作。画廊业者最喜欢这种收藏家，因为可以把卖不掉的画作都推销给他们，如果是具备一流审美判断的收藏家，所选的画作都是画廊会心痛的作品，因为精品卖一幅就少一幅。

我在英国念书之时，发现周遭的收藏家都用系统化的美学思想收藏艺术品，像英国大维德基金会的创办人斐西瓦·大维德爵士（Sir Percival David,1892—1964）收藏很多一流的中国古代瓷器，包括宋朝的皇家瓷器——汝窑，使之成为欧洲研究中国瓷器艺术的重心。他最让人佩服的一点是，身为外国人，为了要收藏中国最好的艺术品，为了要理解中国的美学价值，费心地阅读明朝的收藏家曹昭所写的《格古要论》，并且翻译成英文出版。就好比我们想搜集西方的艺术品就必须进入西方的美学价值，才能理解哪些西方艺术品是值得收藏的。

但现在的情况相当吊诡，我们不仅不了解中国的传统美学价值系统，不懂中国艺术价值的品评系统，还糊里糊涂吸收了一堆西方的美学思想与价值标准，最后变成不中不西的"半吊子"。

有心进入文物艺术收藏领域的朋友必须建立正确的观念，收藏需要不断地累积文化知识与审美经验，所以有机会就参加文艺讲座，或参观考古遗址，或去博物馆、美术馆展览中仔细审视与欣赏（图1-4）。古人有句话说："操千曲而后晓声，观千剑而后识器。"如此去做，行之有年，慢慢地就会建立属于自己的审美判断与鉴识的能力（图1-5），而在建立审美判断的同时，我们也要理解艺术与社会的互动关系是什么，审美代表的意义是什么，甚至是文化与艺术对于人生的真正意义。在文化寻宝的过程中，这些都是值得好好思考的议题，从中才可以理解艺术的真谛，享受艺术审美的真正乐趣。

图 1-4　摄于韩国釜山东亚大学博物馆

图 1-5　应邀到日本私人美术馆鉴定

第二章

金属器篇

青铜器 · 铜镜 · 金银器 · 镏金佛像

❖青铜器❖

说物

🌀 毛公鼎与散氏盘

最耳熟能详的青铜器应该是"毛公鼎"和"散氏盘",两者都是西周时期的鼎。

毛公鼎是约2800年前周宣王时期所铸造的青铜器,是至今发现上刻铸字数最多的鼎(一般出土的鼎大多十几个字,毛公鼎有497字),也是西周青铜器代表作,其价值及地位难以超越(图2-1)。

图2-1 西周晚期的毛公鼎

散氏盘铸造的时间较毛公鼎略早，共有 357 字铭文，描述两国争夺土地产生纠纷后，划定土地界限，可说是中国最早的土地契约（图 2-2）。

图2-2　散氏盘铭文拓片

❀ 闽南语仍称锅子为"鼎"

鼎的形制最早出现在陶器中，新石器时代就使用陶土制作陶鼎，用来烹煮食物（图2-3）。

图 2-3　河南二里头文化出土陶鼎（洛阳博物馆藏）

当人们懂得运用金属来制作青铜器之后，便开始使用青铜材料制作鼎。闽南语中所保留的中原古音仍称锅子为"鼎"，鼎就是中国古代用来烹煮食物的器具，在鼎里放入肉类及其他食物，在其下以炭火加热烧煮，煮食方式就像现在的火锅。

现代的火锅是一般民间煮食的器具，古代的鼎在商周时代却只有王公贵族才能使用，这与中国自古强调"民以食为天"的观念有关，因为掌握"鼎"的人就拥有分配食物的权力。

君王招待臣子，用大鼎煮食物，在每位臣子面前放一个小鼎。君王将食物分配给臣子，象征他具有分食的指挥权，由此衍生出主宰别人生死、统治众人的权力，是身份与地位的代表。商周以后，沿袭这一传统，历代中国人都以"鼎"作为个人行使国家权力的象征。

🌀 国之重器，一言九鼎

据传夏禹建立夏朝之后，将天下分为九州，用天下九牧所贡之金铸成"九鼎"象征九州（冀州鼎、兖州鼎、青州鼎、徐州鼎、扬州鼎、荆州鼎、豫州鼎、梁州鼎、雍州鼎）。

周代礼制在阶级制度上有所谓"列鼎"的制度，对于鼎的使用有严格规定："天子用九鼎，诸侯用七鼎，大夫用五鼎，士用三鼎或一鼎"。到了东周则是："天子、诸侯用九鼎，卿用七鼎，大夫用五鼎，士用三鼎或一鼎"（图2-4）。

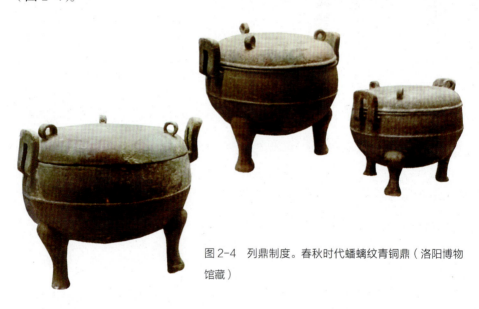

图2-4 列鼎制度。春秋时代蟠螭纹青铜鼎（洛阳博物馆藏）

鼎以及伴随的其他铜器像簋、豆等，都属于礼器，在"礼不下庶人"的周代丧葬制度中，鼎、簋、豆等都是贵族陪葬的专属品，一般平民百姓陪葬器只能是日用陶器。因此，鼎很自然地成为拥有正统政权的象征，进而成为国家的传国宝器。

夏禹将九鼎分给九个部落王，所以成语"一言九鼎"指的是天子可以掌握决定权，引申为天子说话很有分量。春秋时代，楚庄公曾问周定王使臣："周王的鼎有多大？"因此问鼎一事，被视为觊觎国家权力的行为。

秦始皇统一六国后，九鼎已不知下落，根据当时的传说，九鼎沉没在泗水彭城。秦始皇为了巩固政权，强化其共主地位，出巡泗水时曾派人潜水打捞，结果徒劳无功（图2-5）。

图2-5　泗水捞鼎画像砖（河南博物院藏）

1949年，蒋介石从南京撤退到台湾时，特别带来毛公鼎及散氏盘这两件家国重器，其含意不言可喻。

温故知新

🔄 铜、锡、铅冶炼成青铜器

自然界存在着天然的纯铜块（即红铜），铜是人类最早认识的金属之一，但红铜的硬度低，不适于制作生产工具，所以，在生产中发挥的作用不大。

后来人类又发现了锡矿石，并学会提炼锡，在此基础上发现添加锡的铜（青铜），比纯铜的硬度高。在新石器时代晚期，发展出合金技术——利用铜、锡、铅三种金属冶炼成青铜器，历史进入青铜器时代。

依据考古出土资料显示，青铜是目前所知人类使用金属的开始，可说是当时最新的"科技产品"。最早制作青铜器的地方，是靠近铜矿产地以及燃料取得方便的地方，而且必须会使用高温度的火（燃烧达 1000 度以上），其中制作青铜器最具代表性的地方是中国和西亚地区。

西亚的青铜器通常是一些小型配件、雕塑、车马装饰和武器。但中国的青铜器却是一种"器用文化"，青铜被用来做食器、酒器、水器、兵器、车马器、乐器、礼器、货币等。食器就是生命权力的象征；至于酒器，则是人与神、鬼、祖先沟通的器具（商朝是巫术社会，通过喝酒让人在醺醺然、意识松弛的状态下，感受精神世界与灵界的召唤）。

齐家文化、二里头文化、三星堆文化的青铜器

中国青铜器文化最早追溯至新石器时代晚期，甘肃省的齐家文化出土几把青铜刀，但因为没有发现青铜的炼渣、作坊及遗址，部分学者推测可能由西域贸易交换而来。

归类于夏至商代的河南二里头文化，也发现了几十件爵（酒器），形制素雅且没有纹饰，同时发现作坊的遗址，证明这些酒器由中国人自行制作。在商王武丁（约公元前 1250 至 1192 年在位）的妃子妇好的墓葬里，也发现许多巨大且带有纹饰的青铜器。

除此之外，在四川三星堆文化（约相当于商代晚期）也发现一批祭祀用的青铜器，其中包含巨大的青铜面具（图 2-6）、高达五米的青铜塑像，

以及约三米高，有着大眼睛、大鼻子与大嘴巴的青铜神像，证明在商代晚期，中国西南的四川地区也已经进入青铜时代。

🌀 青铜器的多种用途

商代是奴隶社会，只有贵族才能使用青铜器，一般人只能使用陶鼎煮食物。到了周代，用食器象征地位和权力的制度已非常完整，因此出现所谓"鼎簋制度"——鼎用来煮肉，簋是盛放米粟与熟食的食器。不同阶级的人使用的食器数量也不同，天子是九鼎八簋，诸侯是七鼎六簋，最基层的士（读书人）是一鼎一簋（图2-7）。

图2-7　鼎簋制度。春秋时代青铜簋（洛阳博物馆藏）

在商代，青铜除了用来制作鼎、簋等器物，还做成砧板、铲子、刀等，彰显出当时以青铜为主的饮食文化。青铜刀非常锋利，适合切割肉块，比石刀、玉刀好用得多。湖北战国时代曾侯乙墓所出土的箭镞，历经2000年之后，仍然可以一次划开20张纸，可见古代冶金工艺技术的成熟与精到之处。

此外，青铜也用于制造武器、农具，武器用来征战，可保卫或扩张部落领土；农具则用来耕作，是农业生产的工具。

周灭商，对商代末期殷商贵族"酒池肉林"的奢靡风气引以为鉴，社会由崇尚巫术与奴隶制度，转变为以敬天祭祖与儒家礼仪为主，所以青铜食器、酒器的纹饰与器形风格逐渐改变，酒器数量也大量减少。

青铜器制作技术应该是由北方传到南方，依据目前考古资料显示，直到商代晚期，南方才发现青铜器文化，春秋时期的越王勾践和吴王夫差都有个人专用的青铜剑。

春秋战国之后，宗法制度开始崩坏，从春秋五霸到战国七雄，每一方诸侯都竞相想成为中央霸主，因此征求天下的能工巧匠，制作更华丽、精致的青铜器。青铜器从礼器变成家用器具，纹饰越来越华丽，越来越复杂，同时，形制也由巨大转变成中等大小。

青铜器越做形制越小而精致，一方面由于铜矿被群雄瓜分；另一方面工匠制作技术从陶范法（以泥土为主要材料烧结成铸模），进步到以蜡为模，可以制作花纹更精细的青铜器。

1983年，河北省平山县的中山王墓出土大量错金银器，包括举世无双的金银镶嵌四龙四凤铜方案（图2-8）、错金银虎噬鹿屏风底座、十五连盏灯、错银双翼神兽（图2-9）、银首人俑铜灯等。其中金银镶嵌龙凤形铜方案极为精巧，周身饰有错金银色花纹，下方有四只横卧的梅花鹿，四肢曲卧于一圆形环底座，中间于弧面上立有四条独首双尾龙，龙身各盘绕一只凤凰，上方龙顶拱承一饰有云纹的方形案框。

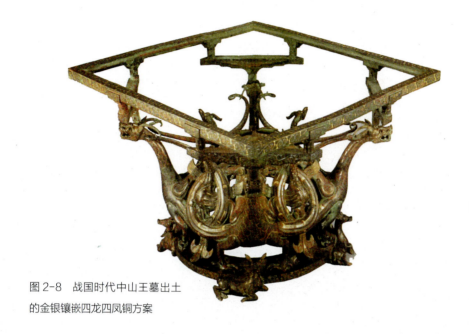

图 2-8　战国时代中山王墓出土
的金银镶嵌四龙四凤铜方案

图 2-9　战国时期中山王墓出土
的错银双翼神兽

青铜器的没落

秦灭之后，进入了汉代，随着鼎簋制度萎缩，青铜礼器逐渐减少。此外，先是汉代以青铜作为货币；之后，瓷器在东汉出现了，质量轻又耐酸碱、好清洗，取代了容易生锈的青铜器，逐渐成为器物制作主流。

汉高祖刘邦出身民间，建国之后与民休养生息，厉行节约，制作耗工费时又浪费财源的青铜器逐渐被冷落。后来汉武帝独尊儒术，端正社会风气，大量发行铜货币，铜矿资源被移转到货币制作（图2-10）。

图2-10　东汉铸造五铢钱陶范（洛阳博物馆藏）

继位的汉文帝、景帝开创了政治稳定、经济发展的盛世，鼎不再用来恫吓人民，青铜器的器形大幅度缩小，纹饰的巫术性质减弱，转而出现花卉、禽鸟、鱼等自然植物与动物花纹，纹饰以歌咏历史、花草植物等为主，展现出更接近人性趣味的艺术性。

汉代贵族将对青铜器具的喜爱转向青铜镜，铜镜制作成为汉代的代表性工艺，镜背的纹饰多为生活题材，以山川、日月、花草、禽鸟、鱼龙、铭文为主（图2-11）。

汉代以后，青铜器逐渐没落，但并没有完全消失，除了铜镜，部分铜料用于制作佛像与货币。东汉开始出现便宜而轻巧的瓷器，加上漆器早已

图 2-11　东汉各式铜镜（洛阳博物馆藏）

经被普遍使用，以及"鼎簋制度"消亡，青铜礼器逐渐退出历史舞台，但是其象征国家重器和权力的意义与传统一直没有改变。

🌀 镂之金石，存之久远

自古以来，中国人习惯将有意义的历史事件"镂之金石，以传久远"。这里的"金"指的是青铜，因青铜的成色为金闪闪的黄金色泽，因此在古代称为"金"。由于其金色的光泽，在六朝时被大量拿来制作佛像，用来象征佛陀的圆满金身。

魏晋南北朝时，因青铜器的技术流入民间，所以有特别多的青铜小佛像。但青铜佛像的制作牵涉到材料与工艺复杂的问题，当时青铜佛像的形制一般较小，大型佛像则以石雕为主。

唐代因国力强，以青铜、石雕、漆器等制作大佛像。到了宋代以木雕佛为主，直到元代，蒙古贵族崇尚金属器的习尚，喜欢以金银、青铜或铁铸造佛像。

目前，全世界的青铜器收藏还是以中国为主，在陕西周原等地，至今还陆续有青铜器出土。中国政府对古代青铜器非常重视，以强大公权力禁止其外流，所以海关单位对这类宝物的检查特别严格。

青铜器的鉴定

🌀 历经沧桑的含蓄美感

一、历史分期

要鉴别青铜器，必须先有历史分期的概念，还要了解各时代青铜工艺材料与技术的特色，更要认识青铜器的纹饰与造形特征。

1. 夏代青铜器，素面无纹饰，器形小，酒器（例如：爵）较为多见，青铜质地较粗。

2. 商代青铜器，纹饰从简单到丰富，以饕餮纹为主，器形越做越大，青铜质地较佳。

3. 商到西周的青铜器，纹饰丰富，以饕餮纹为主，而后转变为以禽鸟、鱼龙、人物与云雷等纹饰为主，纹饰中出现许多铭文，器形趋向巨大。至于簋，商代没有高台座的簋，到了西周才出现较高台座的簋。这些器形上的演变，我们必须细心观察。

4. 东周到秦，青铜器纹饰丰富，从以禽鸟、鱼龙、人物与云雷等纹饰为主，器形趋向中小形制，以脱蜡法（又称蜡模法）制作模具，因此出现大量镂空的纹样与造形，纹饰工艺也出现所谓"金银错"的镶嵌金银丝线的技法。

5. 汉代因为鼎簋制度缩水，鼎、簋等礼器与尊、爵等酒器的制作式微，贵族开始热衷青铜镜，纹饰趋向于生活题材，以山川、日月、花草、禽鸟、鱼龙为主，铜镜文化成为汉代青铜器的代表作。

二、材料

青铜是铜、锡、铅的铜合金，先从铜矿中提炼出铜料，再加上不同比例的锡与铅。加铅可以降低铜的熔点，让铜浆液化得较好，容易在陶范之中成形；加锡则是为了加强硬度。制作不同用途的青铜器具应用不同比例的配方，《周礼·考工记》记载："金有六齐。""齐"是"剂"，是配方的意思。

"金有六齐：六分其金而锡居一，谓之钟鼎之齐；五分其金而锡居一，谓之斧斤之齐；四分其金而锡居一，谓之戈戟之齐；三分其金而锡居一，谓之大刃之齐；五分其金而锡居二，谓之削杀矢之齐；金锡半，谓之鉴燧之齐。"

对于这六种青铜器的合金配方，历来有不同见解，关键在于对什么是"金"，什么是"锡"的定义上。有的学者认为"金"指的是纯铜，因此"六分其金而锡居一"的铜锡比为6∶1，其余类推。如果"金"指的是青铜合金，那铜锡比就变成5∶1了。至于锡，大多数学者认为是纯锡，不过也有部分学者认为"锡"是铅与锡的总称。以下列出两种不同解释的合金比例，以供参考。

	金指纯铜 金：锡	金指青铜 金：锡
钟鼎之齐	6：1	6：1
斧斤之齐	5：1	4：1
戈戟之齐	4：1	3：1
大刃之齐	3：1	2：1
削杀矢之齐	5：2	3：2
鉴燧之齐	1：1	0.5：0.5

若是细心研究，一定可以发现鉴燧之齐的铜锡比例高达 1：1 是不合理的配方。因为锡含量过高时，做出来的合金质地会变得脆弱，容易碎裂。因此有学者认为"金锡半，谓之鉴燧之齐"，"金"指的应该是纯铜，"金锡半"应该是金一锡半的意思，鉴燧之齐的铜锡比例应该是 2：1。

我们现在看到的古代青铜器，表面往往是灰褐绿或墨绿色，那是铜锈造成的效果，并不是本色。青铜器的本色应该是像黄金的颜色，所以古人又称其"吉金"（图 2-12），而刻在青铜器上的文字称为"金文"。所以在鉴定古代青铜器时必须注意，有少部分青铜器会显露出保留完整、尚未被锈坏的金色部分。

古代的金属炼取技术相对不佳，萃取出来的铜会有很多杂质，可以从器物的胎体（器身）去鉴别。所以铜锈有土黄、褐色、粉白、翠绿、宝蓝等颜色，代表其中含有铁、铅、铜、锡等金属成分（图 2-13）。

三、工艺技术

以陶范法与蜡模法为主，陶范法早于蜡模法，但也可以合并使用。

图 2-12　少数古代青铜器保留了青铜黄澄澄的本色

图2-13　青铜器铜锈

一般而言，蜡模法应该是开始于春秋战国的技术，所以我们现在看到的春秋战国时代青铜器，铸造技术比较精致，出现了立体的镂空器形与装饰技巧。战国时代的曾侯乙墓就有一尊青铜建鼓铜座，其基座是许多穿梭的蛇群，精致而生动，就是应用蜡模法所制作的青铜器典型（图 2-14）。

图 2-14　曾侯乙墓青铜建鼓铜座

陶范法是用数个陶模嵌合在一起（图 2-15、图 2-16），嵌合处会出现一条痕迹，称为"范线"。因为早期技术的限制，部分商周时代青铜器的范线容易错位，如果是大型器物，甚至连花纹装饰也会有错位现象。另外，浇灌铜浆时容易产生气泡，或者有裂缝。这样的技术是当时的时代标志，后来技术提升，范线痕迹渐渐消失（图 2-17）。

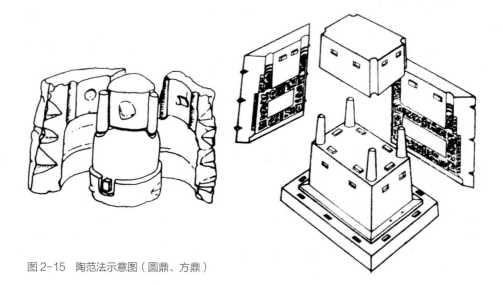

图 2-15　陶范法示意图（圆鼎、方鼎）

图 2-16　青铜陶范残片（洛阳博物馆藏）

图 2-17　陶模范线痕迹

四、艺术风格

造型风格

商代早期的青铜器物件稍小，商中期以后到西周，因为国力越来越强盛，所以出现巨大的器物，以彰显国力，形制多样，以鼎为例，其有三足、四足、圆的、方的。而器物的大小，从商代巨大的鼎，到东周时期开始呈现精致小型的物件，且因为技术进步，铜胎有逐渐变薄的趋势。

青铜器的形制和装饰花纹，反映当时的政治、社会及生活，商到西周时期，用鼎来象征权力并恫吓人民，鼎很巨大，上面的纹饰常常是可怕的饕餮纹（图2-18）。

饕餮是传说中一种凶恶贪吃的野兽，西周以前的鼎身常以饕餮纹为主题，只雕出饕餮的脸，有突出的圆眼、眉毛和卷曲耳朵，背后衬着云雷纹。西周以后，饕餮纹渐渐较少出现在鼎身，而改出现在器物的耳或脚作为纹饰，等于失去其主体地位。

从纹饰来看，河南二里头文化遗址发现没有花纹的爵；到了商代中晚期，出现被学者李泽厚称为"狰狞的美感"的饕餮纹；再到西周的鸟纹、凤纹、象纹等；东周器物上更出现了风景、植物、几何、历史典故的图饰，走向柔和婉约的人性化风格。

文字风格

商代中期的青铜器开始出现少量文字，西周时期，青铜器上出现文字的数量越来越多，前文提到的毛公鼎和散氏盘，都是西周时期的作品，字体属于早期的大篆，一直到了东周，青铜器上出现了"鸟虫文"（字形像鸟、动物）的文字装饰（图2-19）。

图 2-18　西周兽面纹方座青铜簋（洛阳博物馆藏）

图 2-19　青铜戈上的鸟虫文（中国北里中国文字博物馆藏）

春秋战国青铜器开始流行镏金工艺与镶嵌金银丝、彩色宝石、绿松石与玉石等，特别是战国时代的"战国工"的镶嵌工艺，在金澄澄的地子上展现出光辉闪耀的有色宝石，更能显现百家争鸣的时代，崇尚豪迈与富贵的华丽气质，有别于商代青铜器物单纯的神鬼、巫术气息，以及威吓的神权意味（图 2-20）。

五、老化现象

青铜器自商代流传至今，当然都会有老化现象（在金属接触空气以后产生的氧化现象），表面产生保护层，形成"铜锈"。在经年湿度、温度变

图 2-20　战国时期镏金与镶嵌玉石青铜带钩

化与四季更迭，冷、热、湿、干等不同环境气氛的影响下，古代铜锈呈现出细致的层次感，也因为铜胎的纯粹度不同，里面的微量金属元素，会生成五颜六色的铜锈，因此古董界有所谓的"黑漆古"、"绿漆古"、"孔雀绿锈"、"宝石蓝锈"等称呼。

古铜器上的铜锈，是各种矿物化的铜盐类结晶物，如果我们从显微镜下观察，可以看到这些矿物结晶层以散布方式，或一簇簇错落生长在器物表面，有时候能看到矿物的结晶。这种充满天然变化的矿物分布无法以人工方式在短时间模仿，因此可以作为辨别青铜器真伪的依据之一。除此之外，古代青铜器上有纹饰、刻铭、铸铭和镶嵌物，在生锈过程中也同样会有被腐蚀，或被铜锈所掩盖的情况。制作假铜锈一般是使用化学方法做旧，应用化学酸剂咬蚀或是将铜器埋在地下一段时间，或采用特殊材料，如漆皮、硝基漆、大漆、环氧树脂等，调和不同的颜料做旧。一流的假铜锈，外观可以乱真，但是若放在显微镜下观察，就会发现假锈缺乏立体的层次感，也缺乏自然形成的矿物特征。一般而言，假锈都以无机物为主，绝大部分不溶于水和有机溶剂，所以使用像乙醇、二甲苯、丙酮、二氯乙烷之类擦拭铜锈，如果发生变化，必是假锈。但是古代部分青铜器因为表面采用了大漆处理，必须特别注意例外状况。

一般做假的铜锈是应用化学酸剂腐蚀而来，那是只浮在表面的东西（图2-21）。真正的古代青铜器，其上的铜锈是从里面长出来的，鉴别时可以由此观察。另外，可以从器物表面看有没有坑洞，观察里面的铜锈及积尘的状态，是否有老化的现象。

除此之外，古代青铜器历时悠久，自然会呈现一种不温不火的苍古感觉，那是历经沧桑的含蓄美感，也就是古董界术语所说的"包浆"。

图 2-21　使用化学药剂做成的假锈现象

◆❖ 铜镜 ❖◆

说物

◐ 道教与铜镜的关系

汉武帝虽然宣称独尊儒术，但事实上，民间还是盛行道家思想，道教的活动非常活跃，当时是"外儒内道"的社会。外在以儒家思想作为统治手段，内在还是以道家思想为主，并援引道教信仰作为生活依据，特别是长生不老术与炼丹术，而这样的思维也反映在镜子的制作上。

汉代的镜子，一种是用来映照容貌的凸镜面；一种是可以聚集阳光用来生火的凹镜面，象征阳隧之气。道教认为只要人可以炼成纯阳之身，就能长生不老，所以镜子被道教用来象征汲取阳气。另外，因镜子可以用来聚集阳光，被道教认为具有聚集纯阳的作用，可以避邪，直到现在，镜子依然是风水学常常使用的物品。

温故知新

◐ 汉代是铜镜工艺最辉煌的时期

大约 4000 年前，中国人即开始使用铜镜。直到汉代，铜镜工艺进入最辉煌的时期，当时铜镜不只用来鉴照脸部，也是聚光点火之器，被道家、阴阳家引申为可以远离阴邪与鬼魅的聚阳之器。

为了彰显拥有者的地位，镜背设计及做工精巧，除了刻铸上吉祥语句及花纹之外，还镶嵌各式宝石，或运用浅浮雕、镏金等技术进行装饰。

到了隋唐时期，更进入金碧辉煌的金银镜的繁荣期。

⚘ 美术史界的"战国工"

人类懂得铜、锡、铅合金技术后，广泛地利用青铜制作各种器具和武器，一直到了春秋时代后，工匠才成功地从矿石中提炼出铁，并制成铁器。铁器制作出的武器比青铜更有杀伤力，对当时的统治者来说，谁能掌握冶铁的技术，就有称霸天下的条件。

春秋战国诸侯彼此竞争，每一个君王都希望能统一天下，取代周天子的地位。所以这些诸侯广招天下能士，包含工艺家，例如铁匠、陶艺工匠等。

从出土的器物可以发现春秋战国时期工艺竞争的程度，不论是陶器、玉器、漆器、青铜器与铁器等，都棱角分明，相当精致。中国美术史界一向以"战国工"来形容这个时代的工艺技术精湛，由此可见战国时代青铜的繁复与精致程度（图 2-22）。

⚘ 汉武帝以后，唯一能表示贵族身份的青铜器物

铁器出现以后，青铜器渐渐不再作为武器。到了汉代，汉武帝发行以铜为原料的"五铢钱"作为官方货币，铜料渐渐稀少，并掌握在国家手中。加上鼎簋制度到了汉代就已经没落，铜料也不再被用来制作大型的青铜器，贵族不流行使用青铜器作为地位的象征，唯一能表示贵族身份的青铜器物只剩下铜镜。

图 2-22　战国时代四山羽状地纹青铜镜（绍兴博物馆藏）

中国铜镜的历史最早可追溯至新石器时代晚期、距今约 4000 年前的齐家文化就曾经有青铜镜出土。到了汉朝，铜镜被发扬光大，汉代以后到唐代主要流行镏金或涂金的金铜镜。

🌀 铜镜的设计

铜镜在汉代作为地位的象征，光滑面用来鉴照自己，背面就设计作为欣赏之用，因而成为工艺家表现创意与美感的地方。花纹与装饰越精致，越能彰显拥有者的身份与地位（图 2-23）。

图 2-23　东汉铜镜（洛阳博物馆藏）

鉴赏铜镜时，主要是看铜镜的形制、镜背与镜纽（古代铜镜背面中央凸起的孔洞，便于穿上细绳携带或是拿取），不同的朝代有不同的设计风格。例如，汉代的铜镜器形以圆镜为主，唐代铜镜器形则出现许多花式镜（图 2-24）。

在汉代，镜背反映出当时崇尚神仙、追求长生不老等思想，纹饰出现

图 2-24　唐代菱花口式瑞兽铜镜（洛阳博物馆藏）

许多象征长寿、吉祥的仙山、云纹、太阳、鹤、松柏等，另外也常会刻上铭文，如"聚日之光，子孙永保"等吉祥话。

整体而言，汉代铜镜设计，显示出端庄稳重的气质，符合当时儒家思想的社会气息。

铜镜的鉴定

🌀 如何鉴定赝品铜镜

一、材料器形

以汉代的铜镜为例，首先要符合汉代形制，汉代铜镜一般以圆形为主（大小约直径 20 厘米），也有少数花口形与方形，如果器形与装饰过于华丽与花哨，就不符合汉代的风格。

二、材料

铜镜是以铜、锡、铅三种金属的合金制成，因为古代炼制金属的技术较差，铜质的杂质比较多，如果有露胎的地方，可以用放大镜看看。青铜料有好有坏，有的细致，有的粗糙，必须深入了解，多方比较。

三、纹饰

以汉代为例，必须看铜镜的纹饰、设计手法是否符合汉代常见的仙山、云纹、太阳、鹤、松柏等纹饰。当时一般平民百姓要照容貌，只能用水或是没有装饰的铜镜，只有皇室、贵族、官吏等才有能力使用铸造精美、花纹细致的铜镜，所以当时的铜镜集最好的材料与先进技术之大成，在工艺上相当讲究。

我看过很多仿制汉代铜镜的赝品，有些赝品用粗略的模子灌浆制作，深浅凹凸的纹样不够立体、深邃，如果是真品，因为年代久远，纹样的凹槽内会有自然风化与老化的情形，而不只有外表磨损，这些小细节都是可以鉴别真伪之处。

四、老化

青铜器与空气中的氧结合后会产生铜锈，铜锈颜色五彩缤纷，如蓝、绿、黄、红，甚至是黑色等。颜色取决于埋藏地点的土质，或是否受到其他物质的侵蚀。铜镜大量出现的年代一般比青铜器还要晚，所以材质的纯度比青铜器要好一点，铜锈也没有青铜器那么多。除了部分地方多多少少还是会有铜锈，整体的保存状况比较好。如果埋藏的过程中没有经历太多土沁与腐蚀，出土时仍然会保持在很好的状况。

铜镜赝品主要利用三种方法产生铜锈。

第一种，浸泡在化学溶液中，利用溶液的腐蚀性产生铜锈，但化学溶液本身会挥发出刺鼻味，因此在鉴定时可先用鼻子闻一闻，确认有无化学溶液的味道。

第二种，涂抹上一层层类似铜锈的化学物质。仔细审查铜锈的分布，平均而无层次，而且整器看起来因为铜锈层次一致，显得黯淡无光，毫无生气。

第三种，将搜集的古代青铜器残片的铜锈刮下来，再用胶水黏在赝品上，伪装老铜锈（图2-25）。这要很仔细地去看铜锈是从内产生出来，还是仅仅附着在表面上。特别要注意，人为加工的铜锈只会在表面上产生薄薄的一层锈，但事实上，铜镜因年代久远，加上曾经被使用，不会只有一层铜锈，也不会很平均地分布在铜胎表面，而应该有凹凸不平的现象，甚至是斑驳的状况。

图 2-25　铜锈以胶水黏附在
青铜器上

金银器

说物

稀有的金银

金、银属于稀有金属，加上亮澄澄的外表，自古受到喜爱。汉代因道教兴盛，方士除了拿金银来炼丹服食，也以其作为食器。《抱朴子》作者葛洪说："服金者寿如金。"另外南北朝梁代陶弘景《本草经集注》，将金屑、银屑纳入药方，可见金银在中国人心目中的地位。

广用金银的大唐盛世

唐代因国力强盛，金银耀眼的色泽正可以代表大唐盛世的气象，所以金银开始广泛地被用来制作器物，不过矿脉是国家所有，对使用金银器有严格规范，如《唐律疏议》中规定："官职在一品以下，不可用纯金作为食器。"神农二年（公元706年）更进一步规定："所有一品以下官员的食器，不可以使用纯金，六品以下官员不得使用纯银。"因此，金银器在唐代被形塑成一种展现身份、阶级与地位的象征。

1970年，西安何家村窖藏出土了一批金银器，其中一件唐代的"镏金舞马衔杯仿皮囊银壶"，上面刻画了一匹跳舞的马，嘴里还衔着一只酒杯，印证了当时的贵族喜欢看马表演跳舞，尤其是唐玄宗，《旧唐书·音乐志》卷四记载："……引蹀马三十匹，为《倾杯乐曲》，奋首鼓尾，纵横应节。又施三层板床，乘马而上，抃转如飞……"表演完后，皇帝会赐酒给马，当时的宰相张说就曾在为唐玄宗祝寿的《舞马千秋万岁乐府词》三首中写道："更有衔杯终宴曲，垂头掉尾醉如泥。"生动地描绘出马喝了酒后，醉醺醺的形象。从银壶上的图案，可以一窥当时宫廷的歌舞升平（图 2-26）。

何家村还出土了十二只小金龙，每一只外观都不同，但都呈现行走状态。唐代的皇帝奉老子李耳为祖先，唐玄宗更追尊老子为"大圣祖高上大道金阙玄元天皇大帝"。老子被视为道教的始祖，因此有学者认为这十二只金龙是唐代皇帝举行国家斋醮祭祀大典中，"投龙祭祀"所使用的法器，祈求国泰民安，风调雨顺（图 2-27、图 2-28）。

温故知新

❺ 商代晚期就有黄金饰品

黄金工艺早在商代就出现，著名四川三星堆文化的青铜人像上贴有金箔（图 2-29），也出现了黄金面具，证明商代晚期就有黄金饰品，只是当时主要把黄金打成薄薄的金箔，到了春秋战国时代，才出现镏金和金银抽丝的工艺技术。

❺ 多样的制作技术

金银比较贵重，矿产存量较少，很少用来制造器具，直到唐代国力强盛时，金银器才大为流行。金银器可分为纯金、镏金、贴金箔、错金、涂金、掐丝等技术。单纯把泥金涂在器物表面上的技术称为"涂金"。"镏金"则

图 2-26　镏金舞马衔杯仿皮囊银壶（陕西西安何家村窖藏）

图 2-27 十二小金龙

图 2-28 小金龙之一

图 2-29　三星堆贴金箔青铜人像

采用金汞剂，以金加上水银等物质，涂在器物表面，然后用无烟炭火熏烤，使水银蒸发后，金子就会牢固伏贴在器物上，但这个做法往往造成工匠因为汞中毒而身亡。如今看来，这些美丽的金银器，可以说是古代工匠用生命换来的。

汉代主要是镏金和金银丝的镶嵌器物，如著名的长信宫灯，就是青铜镏金灯具。1968年于河北满城中山靖王刘胜妻子窦绾墓出土，灯盘、灯罩可以转动开合，以使调节灯光照度与角度。宫女右臂中空，可以导入灯烟，使室内空气洁净。灯上共刻有铭文69个字。其中有"长信"字样，证明为长信宫所有（图2-30）。

唐代金银器成形的方法，主要使用三种工艺技术：錾刻、捶揲、掐丝。"錾刻"是雕刻法，捶揲则是用捶子慢慢敲打出器物的形状，"掐丝"是把黄金抽成金丝，用金丝再组成图案，最后用胶水黏剂贴到器物表面。

唐代是金银器最辉煌时期。1970年，陕西西安附近的何家村窖藏出土

图2-30 汉代长信宫灯（河北博物馆藏）

两个陶瓮，里面约有 1000 多件宝物，其中金银器皿占 271 件，艺术史学家推测，应该是唐代贵族逃难时，慌乱之际埋在土里，后来就再没有机会回来挖出才保留至今（图 2-31）。另外在南方，1982 年江苏丹徒丁卯桥地区也出土了一批唐代金银器，可以证明当时中国南北两地可能都有相当水准的黄金作坊和工艺匠师（图 2-32、图 2-33）。

图 2-31　何家村出土唐代镏金葵口盘

图 2-32　江苏丁卯桥出土唐代镏金银盘

图 2-33　唐代镏金鱼化龙纹大银盆（局部）（镇江博物馆藏）

💠 金银茶具

1987 年，西安法门寺内的一座塔，因雷雨而坍塌，工人在修建过程中发现塔底下有一处通往地下的入口。经考古后得知，这里原是唐代的皇家寺院，藏有很多珍贵古物，包括金银器、陶器、丝绸，全部是皇家献佛的物品，应该是在唐武宗毁佛时期，被寺院窖藏而保存下来。

其中有一组金银茶具，包括金丝编成的金茶笼、银碾子、金筛子以及大银盘（图 2-34、图 2-35）。唐代是煎茶法，喝茶前把茶叶碾成粉再熬煮，所以有这样一套茶具，也可从中发现錾刻、镏金和掐丝技术。

💠 沉船"黑石"号的故事

1988 年，德国一家打捞公司在印度尼西亚勿里洞海域发现一艘唐代沉船，满载货物，此艘船被考古学家以发现地点命名为"Batu Hitam"（中文译为"黑石"号），船上载着运往西亚的中国货物，除了有金银器之外，还有67000 多件中国瓷器，其中有大量的长沙窑、越窑等瓷器和三件完好无损的唐代青花瓷盘（图 2-36）。

新加坡"圣淘沙"机构（Sentosa Leisure）先购买了被打捞文物的数年展览权，随后筹资购得这批贵重文物，被打捞文物于 2005 年分批完整地运到新加坡，再由富商邱德拔的后人捐出巨款，协助圣淘沙休闲集团以 3000 多万美元（约 1.96 亿元人民币）购藏，在位于圣淘沙的海事博物馆展示。这批沉船文物证明了当时金银器和瓷器等，都已是国际贸易的热门商品。

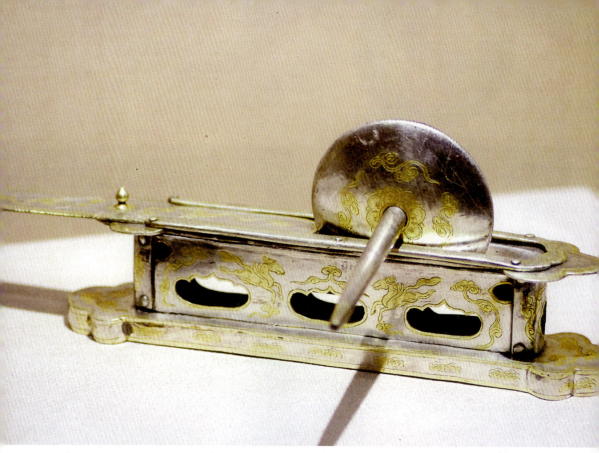

图 2-34　唐代镏金银器茶碾子（法门寺博物馆藏）

图 2-35　唐代镏金大银盘（法门寺博物馆藏）

图2-36　"黑石"号打捞出的金银器之一

金银器的鉴定

令人震惊的金银镜

2007 年，我到西安的博物馆参观时，遇到博物馆举办唐代文物展，展品相当丰富，包括唐三彩、金银器等。参观之际，惊讶地发现其中一面金银镜的工艺相当精致，镜背上面雕镂出细腻、立体的花纹，虽然已历经 1000 多年的岁月，亮澄澄的黄金质地，仍然充分展现唐代装饰品的气派与华丽（图 2-37）。唐代距今 1300 多年，这面镜子看起来却像是全新的，可能是因为它在皇室贵族墓葬中受到良好的保护，没有受到任何外物侵蚀。这件金银镜令我印象深刻，带给我的震撼远远大于平时在图录上看到的感受。而且这批金银器属于中原风格，不同于四川三星堆出土的青铜器多用贴金箔的技术，属于巴蜀文化，而非中原文化。

金银器东传与崛起

中国从唐代开始透过丝绸之路从西域输入许多器物，其中包括玻璃器、金属器等，尤其是金银器。唐代贵族为了彰显地位与财富，不论是镜子、茶具、食器，都是以金银器为主。

金银器在唐代成为尊贵的象征之后，强烈地影响了民间的审美观，许多民间瓷器或其他漆器会刻意模仿金银器的造型或风格，例如北宋时，河北省定窑白瓷与陕西省耀州青瓷，许多种类的瓷器不论是器形还是内部花纹，都是在模仿唐代金银器。后来五代十国到宋代的许多瓷器也模仿金银器的錾刻技术（在金银器上加工出不同的浮雕图案），到了元代，仍然可以

图 2-37　唐代菱花海兽葡萄文金背镜（局部），是捶揲工艺加上錾刻工艺完成的艺术品

（摄于陕西历史博物馆特展）

图 2-38　元代青花釉里红大罐上面开光
周围饰满连珠纹，是金银器的遗留

见到这样的现象（图 2-38）。

　　含蓄典雅的宋代汝窑瓷器也保留了金银器的风格，像"圈足"，圈足原本是制作金银器时，在底部做一个圆形圈来支托器身，可见宋代没有完全摆脱金银器的影响。

　　元代掌权的蒙古人是游牧民族，在马背上讨生活，因瓷器易碎，所以日常器具本就以耐用的金银器为主。因为金银器仍是贵族器具的主流，元代瓷器也带有蒙古人崇尚金银器的风俗，因此，瓷器上会有本来运用在金银器上的连珠纹、珍珠地花纹等（图 2-39）。

　　元、明、清时期的金银器，在细工的基础上，做工更加精致，以金丝银线编织出更多立体的装饰与变化（图 2-40、图 2-41）。

图 2-39 宋代白釉盒(洛阳博物馆藏)

图 2-40 元代如意云纹金盘(苏州吕师孟墓出土,南京博物院藏)

图 2-41　清代金凤冠，徐州丰县李卫家族墓葬出土

鎏金佛像

说物

密教与鎏金佛像

从元代到明代、清代，信仰密教成为皇室的传统，因此制作了许多精美的鎏金佛像。

不同于汉传佛教佛像双目微睁，脸相庄严、平静，坐姿端庄，密教佛像充满动态，表情多变，或怒或笑，形象也比较丰富，常常可以见到三头六臂甚至九个头的佛像，整体蕴藏着不可言喻的神秘趣味，佛像制作结合了宗教意涵与艺术家的想象（图 2-42）。

图 2-42　铜鎏金大威德金刚像

清宣统年间，宫中的太监经常偷偷变卖皇室的物品，宣统皇帝命人彻查，可能因为怕东窗事发，1923 年 6 月 26 日，太监就把紫禁城里一栋收藏许多珍宝，包括许多镏金佛像的"建福宫"放火烧光。宝库突遭火灾，一夜之间化为废墟（图 2-43）。

图 2-43　建福宫一夜之间化为废墟

🌀 皇室专属

元代到清代镏金佛像的高度在 20 到 60 厘米左右，因为使用真正的黄金进行制作，所以成本高，而且制作技术要求高，有良好的雕塑观念，加上密教仪轨为皇室专属，不外流民间，因此只有皇室工匠才有办法制作出一流的佛教密宗造像。也因这些佛像主要提供皇帝修法之用，祈求权力与长生，都是皇室专属佛像，做工精致，品相一流，物件相当稀少，如果出现在现今的拍卖会上，肯定有至少数十万元人民币以上的身价。2006 年香港苏富比"佛华普照——重要明初镏金铜佛"专场拍卖会，最后拍卖成交价总金额 3.43 亿港元。2006 年，厦门藏家蔡铭超以 1.166 亿港元在苏富比拍卖会拍得一尊明代镏金佛像（图 2-44）。

收藏金铜佛像热潮越来越兴盛，藏家寻宝的脚步深入欧美各国，

图 2-44　厦门藏家蔡铭超以 1.166 亿港元在苏富比拍卖拍得永乐镏金佛像

2014 年 1 月一尊中国铜镏金佛像现身在德国巴伐利亚州的库尔灵拍卖行（Khling Auction）。这尊起拍价仅为 100 欧元（约合 717 元人民币）的佛像被中国买家最后以 23 万欧元（约合 165 万元人民币）的高价拍得。

在 20 年前，镏金佛像都是按尺寸、按件数卖，价格多在 1000 元人民币以下，现在品相好一点已经可以卖到几万、几十万元，普通品相也涨到了几千、几万元。

温故知新

🔅 永乐、宣德年间所制的佛像，艺术性最高

明代以来密教为皇室秘传，永乐、宣德两位皇帝对密教信仰虔诚，当时的工匠技艺高超，做工精致。由于佛像仅限于皇室收藏，实际留下来的镏金佛像并不多。文物市场上的镏金佛像也以永乐、宣德年间所制作的艺术性最高、价格最昂贵（图 2-45），所以仿冒品的落款十之八九是"永乐"或"宣德"。

🔅 各民族、各时代的佛像制作风格

日本佛像也带有密教色彩，因为唐代时，日本已经派遣很多僧侣到中国学习佛法，学习最高深的密教，它直接揭示即身成佛的道理与方法：包括如何求财、求法、求权力等。如今在日本奈良东大寺的不空罥索观音像，就是一尊密教样式的菩萨像（图 2-46）。

我在英国留学期间，曾经到法国参观拥有最丰富亚洲文物的居美博物馆（Musée Guimet），恰巧碰上亚洲佛像展，展出包括日本、中国等不同国

图 2-45　明代宣德时期金刚萨埵坐像在 2012 年嘉德拍卖会以 989 万元人民币成交

图2-46 日本东大寺不空胃索观音像

家的佛像。我明显感受到密教佛像与中原地区佛像风格，一动一静，一个狰狞凶恶，一个平和宁静，展现截然不同的造像风格。

其中原因在于宗教渊源及其转变：佛教分为显、密二宗，密教渊源于印度，在唐代由莲花生大师传入西藏，所以多少带有一些印度教的色彩；而显宗传入中原地区后，受到了中国原本的儒、道思想影响，形成所谓的汉地佛教。

东南亚地区的佛教信仰以小乘佛教为主，虽也有密教文化（如吴哥窟），但仍不如西藏本地保存得多。唐代也有西域的僧侣试图将密教推广到中原地区，但主要是在皇室贵族之间传法，尚未在民间成为主流，后来传授给远道来中国求法的日本僧侣，包括空海大师等人，之后成为日本佛教的另一流派——真言宗。

由于时代、教派观念与审美角度的不同，而产生各地、各民族、各时代样式不同的佛像制作风格，都值得我们在进行收藏金铜佛像之前，先进行深入的研究与探索。

佛像的鉴定

🌀 唐代的开脸，清代的身形

一、器形

每一个时代的金银器器形与功用皆有差异，收藏家在收藏之前需要多读书，多到博物馆看实物，进行深入了解。例如，唐代的器物（如碗、盘、杯、盏）的图案与花样都制作得非常立体，整体风格富丽堂皇，器物口沿习惯出现花口形状（如同花瓣形状）。许多做假的器物，其图案与花样看起来立体感不明显（图2-47）。

图2-47 唐代银镏金錾刻双狮纹四出菱花形盒（法门寺地宫出土）

二、造像特征

依据造像特征可以断代，各时代佛像的造像特征各自不同。

汉代和十六国时期，佛像方脸，面目平和，头发平直，大多为坐式。这一时期的佛像多为单尊，尺寸较小，铸造技巧较为粗糙，衣纹装饰较为简单。

北朝时期，佛像脸相清秀而身形瘦长，高鼻大耳，闭目凝神，高额，发髻呈螺旋式，有的身着褒衣博带式大衣，或是披袈裟，袒右肩。有的为站立姿势（图2-48），有的为结跏趺坐或是盘腿坐。佛座或为须弥座或为四足

图2-48　北魏镏金佛，高18厘米
（上海博物馆藏）

方座。身后的背光皆做尖楣形，周围做火焰纹状。北魏造像的显著特点是主佛两侧往往有一至二位协侍立姿菩萨（图 2-49）。

隋唐时期的金铜佛像，一般而言，脸庞丰圆，高额髻，外披袈裟，下着百褶裙，垂于双足。座下有双层或单层四足高床，一般的背光为较粗的尖楣形（图 2-50）。

宋代铜佛像常见菩萨像，往往以高发髻造形居多，开脸上丰下尖，身材修长，身上佩戴缨络，搭配莲花的细腰圆座或是长方形四腿座。普贤菩萨坐在象背上，而文殊菩萨则骑坐在狮背上。

藏传佛像与汉地佛像有许多差异之处，藏传佛像造形表情变化多，常见凶恶相貌，或是非人相貌，有多头多眼、多手多臂，身形具备动感。佛像上嵌松石、宝石者多为藏传佛像（图 2-51）。汉地佛像一般以正常人形体制作，不论站姿、立姿，姿态以静态为主，身形端庄，面容宁静。除此之外，藏传佛像胸高乳大，汉地佛像胸平乳小。

常见到许多臆造品在市场中流动，有的把不同年代和不同流派的风格与特点生搬硬套地凑到同一件东西上，比如将明代的服饰搭配在唐代的开脸，身形却是清代的造形，真是"时空错乱"。

佛像和其经典内容与庄严的仪轨制度有密切而严格的关系，古代的制作工匠不会轻易随意乱做，但追逐利益的伪造者，在完全不懂的情况下，往往做出令人哭笑不得的错误样式。

三、材料

历代金子的成色，因炼制技术而不太一样。明朝以前的金子，因含有其他微量元素，常呈轻微的泛红色；清代的金子则呈泛青色。

古代的涂金技术是将金子磨成粉状之后，调成泥金涂在器物的表面，因

图2-49　铜镏金释迦牟尼佛坐像
（台北故宫博物院藏）

图2-50　唐代镏金铜观音菩萨
（台北故宫博物院藏）

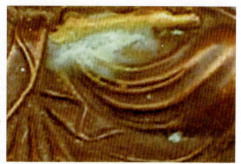

图 2-52　以酸腐蚀过的金铜佛像表面

图 2-51　世纪普巴金刚像

此常有颗粒状现象。现在的镀金技术（即古代的镏金）一般表面平整，颗粒致密。不过古代镏金和现代镀金的差别在于：镏金是在金泥中加入汞（水银），涂在器物表面后，借由烤火将汞蒸发，仅留下金子吸附在器物表面上；现代镀金则是应用电镀法，将金子附着到器物表面。

四、老化程度

若是古代金银器，其亮度一定会随着时间累积而减弱，同时有斑驳、残缺的情形。做假的器物常用砂纸之类物件打磨刮擦，故意留下斑驳的痕迹，使其看起来像是被使用过，或是长久遗留下的刮痕。也有人用酸去腐蚀，使器物表面看起来像经过老化的结果（图 2-52）。判断时可以用鼻子闻，如果散发出呛鼻的化学药剂味，很可能就是做假的赝品。

第三章

陶瓷篇

陶器 · 瓷器 · 茶具

陶器

说物

✿ 欲盖弥彰的赝品

　　唐三彩的颜色多为黄、绿、褐、白色，偶有蓝色，价值也比较高。蓝色来自钴料的发色，远从伊斯兰世界传进来，数量稀少，只有少数的唐三彩曾出现，而且体积不大。

　　我曾在一位官员的办公室里看到大型的唐三彩马俑，表面上有大片的蓝色泼彩，外观气派豪华，却是一件不折不扣的赝品。这个道理就像很多人学张大千泼彩与泼墨，可是因为审美认知差距与技术有别，泼出来的彩墨效果无法像张大千亲自做出来的那么自然生动。这件唐三彩马俑赝品的制作者当然知道蓝色的唐三彩价值高，所以刻意上了很多钴料，但是其釉面有明显化学腐蚀做旧的痕迹，此举反而是欲盖弥彰，更凸显它是赝品的事实。

温故知新

✿ 陶器和瓷器的差别

　　由于地表上的陶土比瓷土多，加上烧制陶器所需的火温较低，所以陶土最早被人类发现，并制作出陶器。

表 3-1　陶器和瓷器差异一览

差异＼品类	陶器	瓷器
原料	陶土	瓷土
烧成火温	摄氏 600 度到 1000 度	摄氏 1250 度以上
土质特性	粗松	致密
敲击声	闷如木声	铿锵、清亮
渗水率	高	低

🌀 距今约 7000 ～ 8000 年前的彩陶文化

远古时代的人类懂得用火之后，意外发现有些地方的泥土经过火烧之后变得很坚硬，慢慢累积许多经验之后，人类知道可以将这种泥土捏制成容器的形状，再经过高温烧制后可盛装食物。根据考古资料显示，到了新石器时代，人类已经可以将火温提高到摄氏数百度，甚至在新石器时代晚期可以高达 1000 摄氏度，陶器就这样诞生了。

中国最早的陶器文化是彩陶文化，距今约 7000 年到 8000 年前，发源地在陕西、河南、甘肃、青海等地，如河南的裴李岗文化、陕西的半坡文化（属于早期仰韶文化）。这些陶器制作的技术并不十分成熟：烧制的火温不高、形状比较不规整、土质较为粗松、器身上没有花纹（新石器时代中晚期才开始有比较丰富的纹饰）（图 3-1）。

20 世纪初期，在河南省的渑池县发现仰韶文化（图 3-2），距今约 5000 年到 4000 年左右。由于中国的彩陶和西亚的彩陶很像，瑞典学者安特生（Johan Gunnar Andersson）原本认为中国彩陶是从西亚传进来的，但是后来发现许多证据显示，中国和西亚的彩陶文化不同。

图 3-1　新石器时代夹砂红陶鱼鳍足鼎

图 3-2　庙底沟文化彩陶盆（北京大学考古系藏）

经过考古出土证明，中国的彩陶文明在中原地区发展后，往东出现了山东地区的大汶口文化（图3-3）、龙山文化，往南发展为长江地区彩陶文化（表3-2），最远影响到台湾。

台湾有北部的圆山文化（距今3300～2300年前）、芝山岩文化（距今3800～3000年前）与台东地区的卑南文化（距今5300～2300年前）。卑南文化出土的一些彩陶的器形，类似甘肃的齐家文化，证明在史前时期，南北的传播与交流，远比我们想象中还要频繁（图3-4）。

从陶器的出土可以得知，中国进入新石器时代后，已是部落制的农耕社会，所以需要陶器储存食物与水。当时陶器已经相当普遍，主要制作成盆与钵等食器，到后来也出现陶棺。

到了新石器时代晚期，彩陶逐渐变成阶级或是贫富的象征。考古发现有些墓中已经有陪葬品，彩陶也成为陪葬品的一部分，上面画了很多花纹装饰，表明阶级与权力、生死崇拜、自然信仰与巫术信仰。

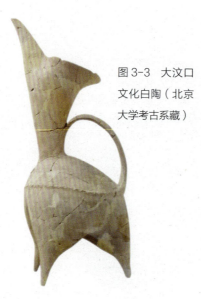

图 3-3　大汶口文化白陶（北京大学考古系藏）

图 3-4　台湾卑南文化陶器

表 3-2　中国新石器文化的谱系

年代（公元前）		2000~3000		4000~5000	6000~7000	
文化分期		铜石并用时期		新石器晚期	新石器早期	
旱地农业经济文化区	甘青区	齐家文化	老官台文化	仰韶文化	老官台文化	
	中原区	中原龙山文化		仰韶文化	磁山文化	
	山东区	龙山文化		大汶口文化	北辛文化	
	燕辽区	?	小河沿文化	红山文化	兴隆洼文化	
稻作农业经济文化区	江浙区	良渚文化	崧泽文化	马家滨文化	河姆渡文化	
	长江中游区	石家河文化	屈家岭文化	大溪文化	城背溪文化	仙人洞遗址
	闽台区	昙石山文化			?	
	粤桂区	石峡文化		金兰寺下层	甑皮岩上层	甑皮岩下层
	云贵区	白羊村遗址				
狩猎采集经济文化区	东北区	小珠山上层	小珠山中层	新开流遗址	新乐下层	
	蒙新区	富河文化		细石器遗存		
	青藏区	卡若遗址		细石器遗存		

丰富的彩陶纹饰

彩陶纹饰主要有以下几种形式：

一、生殖崇拜：在彩陶上画男性或女性的生殖器官，祈求多子多孙（图 3-5）。

二、自然物崇拜：也就是图腾图案，远古时代的人类会想象自己是某种动物的后代，例如半坡文化的人认为他们是鱼的后代，一如后世中国人认为自己是龙的传人一样。半坡文化出土的瓮棺，上面的盖子画有一个孩童，耳朵两旁各有一条鱼跟他说话，孩童的嘴巴上衔着一条鱼，另一条鱼像在

图 3-5 马家窑裸体浮雕陶器表现先
民生殖崇拜的文化

带路一样，引导孩童灵魂重新回到鱼的世界（图 3-6）。

三、巫术崇拜：祈求作物或是打猎丰收，在彩陶上画稻谷与动物的图案。

四、阶级崇拜：在仰韶文化中曾出土一件陶器，上面画了鸟、斧头与鱼的纹样，象征三个部落的结盟（图 3-7）。

考古学家也在一部分的彩陶上发现类似文字的纹饰，学者尝试解读这些文字，并称为"陶文"，陶文的年代在甲骨文之前，目前看来可能是中国最早的文字（图 3-8、图 3-9、图 3-10）。

从出土的墓葬也发现，新石器时代中期以后开始出现阶级，因为人口增加、人与人利益的纠纷也增加，所以需要领导阶层处理，这正是社会的雏形。

彩陶文化出土的陶器多是用来取水的尖底瓶，因为当时人类以半穴居为主，尖形的底部方便将瓶子插在地上固定，也曾在遗址中发现可以放置

图 3-6　人面鱼纹盆（半坡文化博物馆藏）

图 3-7　鹳鸟、斧头与鱼纹大缸（仰韶文化彩陶）

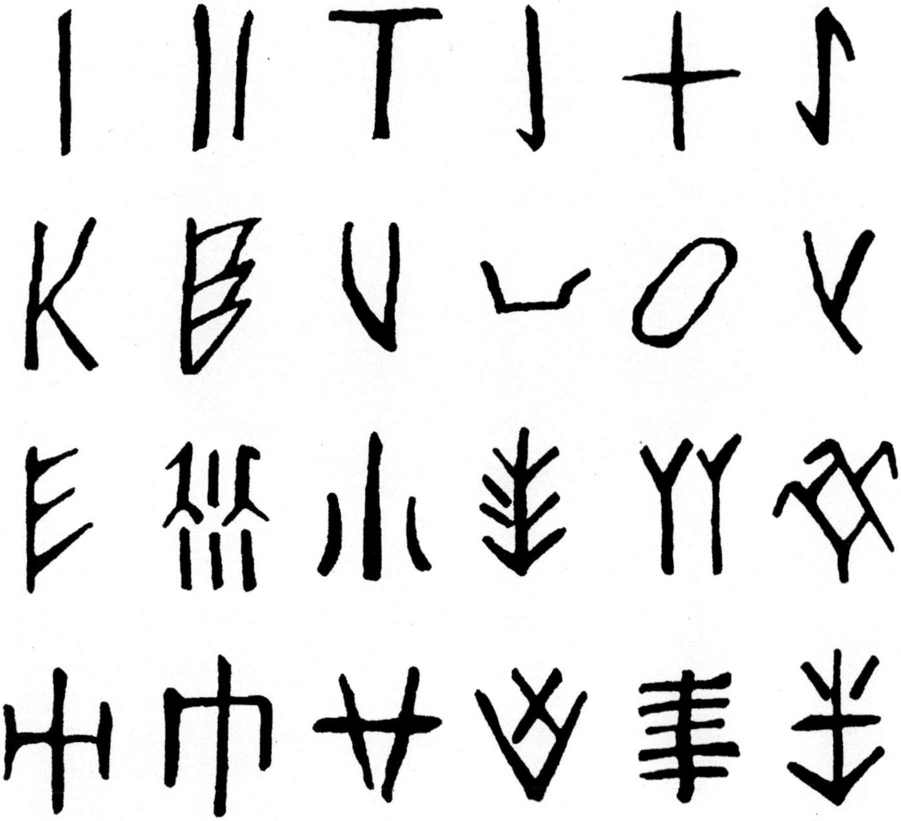

图 3-8 二里头文化陶器文字符号

图 3-9　青海柳湾遗址出土陶器上的陶文

图 3-10　姜寨遗址所出土陶器上的文字

陶瓶的器座，表现出当时人类的生活器用与巧思（图3-11）。

半坡文化的特色是器物形状较大且多样化，可以想见应该已经有制陶的辘轳，才有办法制作这种较大型的陶器。半坡彩陶上的纹饰以鱼纹最常见。除此之外，纹饰丰富多样的彩陶文化之中，最具代表性的就是甘肃、青海一带的马家窑文化与河南的庙底沟文化。庙底沟文化以花叶纹、鸟纹最具特色（图3-12），由于具备特殊的艺术性，文物艺术品市场上也以这两种文化的陶器价值最高，尤其是马家窑文化。

马家窑文化最著名的是水波纹，充满了强烈的律动感与旋律感（图3-13）。最早的价格从数万元到数十万元不等，但随着出土量越来越多之后，市场价格也开始下降，毕竟艺术品珍贵之处在于独特性。

半坡文化之后出现的甘肃半山文化与马厂文化，出现许多大型的罐子，半山文化与马厂文化的彩陶以红、黑两色为主，马厂文化的彩陶纹饰以神人纹最具代表性（图3-14）。半山文化的彩陶纹饰以锯齿纹最具代表性（图3-15）。

每一种文化都有特殊的纹样作为代表，纹样可以看出部落的思想内涵、审美观，也是辨别所属文化的要点之一。

表3-3 不同文化的代表纹饰

彩陶文化类型	纹饰种类
半坡文化	鱼纹
马家窑文化	水波纹
庙底沟文化	花叶纹、鸟纹
半山文化	锯齿纹、稻谷、十字形连环图纹
马厂文化	神人纹（似人似蛙的纹样）

图 3-11　仰韶文化尖底瓶
（洛阳博物馆藏）

图 3-12　庙底沟文化彩陶盆以花叶纹为主要纹饰

图 3-13　马家窑彩陶以流水纹最具代表性

图 3-14　马厂文化彩陶以神人纹最具代表性

图 3-15　半山文化彩陶以锯齿纹最具代表性

🌀 黑陶与白陶

新石器时代晚期在黄河流域一带出现了另一种陶器——黑、白陶，山东的大汶口文化、龙山文化地区皆曾出土。龙山文化以黑陶为代表，又称"蛋壳陶"，当时的制作技术与挑选陶土的方法有了突破，可以烧制出薄如蛋壳的陶器（图3-16）。彩陶是在红陶上面彩绘，但是后来出现的黑陶、白陶，就不在陶器上彩绘了。

考古学者发现黑、白陶往往不是用来作为食器，而是为了祭祀使用，精致度远远超越先前的彩陶文化，因此在艺术品市场上的价格更高，属于昂贵的陶器。

新石器时代晚期的人类已经可以将火温提高到摄氏1000度，可以发展出冶炼金属的技术，因此人类开始进入制作青铜器的历程。青铜器的诞生与陶器的技术是密切相关的，一方面是火温必须提升到一定的程度；另一方面是利用陶器制作技术来制作青铜器的模具。

彩陶文化的结束，象征中国进入下一波物质革命——青铜器时代。但是因为制作青铜器的方式远比陶器困难，非一般人所能为之，必须运用国家与集权的力量才能制作，因此只有帝王与贵族才有资格使用青铜器，一般人常用的生活用品依旧以陶器为主。

🌀 釉陶器与原始瓷

商朝开始，陶器的种类分成两个系统，一个是彩绘陶、黑陶、灰陶与白陶继续发展（图3-17），另一种是釉陶器。

当时的工匠不断地实验，以寻求更好的制陶方法，后来发现了一种白

图 3-16　龙山文化黑陶镂空高柄豆（洛阳博物馆藏）

图 3-17　商代陶爵（河南偃师出土，洛阳博物馆藏）

色的陶土，经摄氏 1000 度的高温烧制，可烧制成白色的陶器。而且在烧制过程中，有些陶器的表面出现闪亮的透明物质，其原因是柴火的灰烬经空气流动而沉落在陶胎的表面，而灰烬中含有草木灰，里面的钙元素与陶土在高温下产生化学变化，形成釉滴。

当时的陶器工匠发现这种现象后，逐渐累积经验，便在后来发展出制釉的技术，不过当时的技术并不成熟，釉料稀薄、不均，而且杂质颇多（图 3-18）。

图 3-18　西周原始瓷器（北京大学考古系收藏）

用陶土烧成的称"釉陶器"；而用瓷土烧成的则称"原始瓷"，也就是瓷器的早期阶段，也称"原始青瓷"，因为调制的泥浆含铁量高，所以烧出来以黄绿色为主。现今原始青瓷出土的数量并不多，表示其在商代属于先进的产品。

总结商周时期的陶器，有白陶器、黑陶器、灰陶器、原始青瓷、釉陶器、彩绘陶（在灰陶上彩绘）。烧制瓷器的温度须达到摄氏 1250 度以上，而新石器时代中晚期，窑室的火温已可达摄氏 1000 度，等于是为往后制作瓷器铺好了路。

🌀 陶窑

最早的陶器在露天烧制，火温只能达到摄氏几百度，后来发展出横穴窑与竖穴窑，不仅可以集中火力，也有闷烧的效果，有些窑室的温度甚至可达摄氏 1000 度。

横穴窑是指火膛与窑室在同一个水平面上，竖穴窑则是指窑室在火膛之上。随着技术的进步，火温越高，烧制出来的陶器质地越坚硬、清脆。

商代南方已经使用龙窑（图 3-19），北方则逐渐发展出馒头窑。

图 3-19　龙窑

陶器的鉴定

🌀 陶俑的鉴定

商朝时期十分盛行用人或动物殉葬。孔子曾批评："始作俑者，其无后乎。"表示周朝已有使用陶俑取代活体作为殉葬品的例子，称之为陶俑，原因不外乎是用活体殉葬过于残忍、使用陶俑的成本低等原因。

此外春秋战国以前的陶俑多以神话中的动物为主，到了战国时期，人形陶俑开始盛行。从秦始皇陵墓出土的兵马俑震惊全世界，出土的陶俑与真实的人、马为同一比例。兵马俑的高度达 180 ~ 190 厘米，而且陶制品在烧制过程中，因水分蒸发，大约会缩小 15% ~ 20%。这些兵马俑烧制前的高度更高，如果没有高超的制陶技术，根本无法完成此项任务（图 3-20）。

从外表看来，这些兵马俑栩栩如生，并充分表现了当时的穿着。目前秦陵出土的陶俑约有 8000 个，每个陶俑各部位都有不同工匠做的记号，可见当时耗费财力、物力、人力规模之大，也是当时世界陶艺历史的大成就。此后中国再也没有出土类似的兵马俑，更证明当时国家集权程度之高，否则不可能驱使人民进行如此耗大的工程（图 3-21）。

秦始皇过世后，民众群起叛乱，秦朝仅维持 15 年就灭亡了。到了汉朝，因为国家刚结束战乱，朝廷倾向与民休养；另一方面皇帝也以秦始皇为警惕，倡行简朴，避免铺张奢华、好大喜功之事，因此汉朝的艺术品往往流露出简约朴实的风格。

秦朝陶俑比例多与真人相同，而汉朝出土的陶俑只有 50 ~ 60 厘米。外

图 3-20　三号坑陶马、陶俑

图 3-21　盛大的
秦兵马俑军阵

观上，秦朝的陶俑强调极端写实、拟真，汉朝的陶俑则介于写实与非写实之间，并呈现素雅造形（图3-22）。

到了魏晋南北朝，仍承袭春秋战国以来的陶俑文化，其中以北魏的陶俑最具艺术价值。当时北方受胡人统治，胡人所捏制出来的陶俑与南方汉人制作的陶俑大不相同，除了外形较大，表情、动作也比较夸张，展现活泼生动的陶塑风格，特别受到博物馆与收藏家喜爱。而且从陶俑的服饰中，我们可以发现当时人民的生活与文化，因此具有较高的历史价值（图3-23）。

图 3-22　汉代陶俑（南京博物院藏）

图 3-23　北魏男侍陶俑（洛阳博物馆藏）

由于陶俑多作为陪葬品，观念传统的中国人一般认为不吉祥，不太会收藏这些陶俑。因此，过去陶俑赝品主要卖给西方与日本的收藏家。

到了20世纪80年代末期，收藏观念改变，中国香港、台湾等地区的收藏家也开始收藏陶俑，赝品开始卖到台湾、香港等地区。内地的收藏家也开始收藏陶俑，赝品的需求量大增。河南洛阳地区的孟津南石山村就专门制作赝品，我自己也曾买过几个赝品当作教学与研究参考（图3-24）。

因为陶土比较粗松，难以分辨真伪，陶土经过土埋水沁、化学药剂腐蚀等加工之后，胎土所呈现的老样能以假乱真；再者，陶器上面的纹样也可以刻意仿作出老化与斑驳的效果，所以鉴定时，必须用科学方法测试颜料的年代。

图3-24 陶俑赝品

除此之外，陶器若是年代久远者，表面会形成一层物质，如果是刻意制造出老化效果的赝品，表面用牙签一抠，表层物质就会轻易脱落，但真品所形成的土疤是不容易被抠掉的（图3-25）。

陶塑造型反映出不同时代的工匠如何展现雕塑品的趣味与风格，许多赝品讲求制作快速，无法细心表现出不同年代的风格，所以只要细心辨别，都可以辨识出其中疑点。例如，汉代的陶俑反映汉人文化，汉俑大多宁静而优雅，北魏陶俑的特色则是外型粗犷、生动活泼。不过，真实情况很难一概而论，四川地区就曾出土一批东汉的陶俑，风格诙谐有趣，造型相当生动活泼（图3-26）。

由于陶俑是上层阶级炫耀财富与地位的陪葬品，一直到清代都还有这种习惯，只是数量越来越少，造型也越来越制式化。从汉代到唐代是陶俑艺术价值最高的时期，在文物市场上价格也比较高。

东西雕塑品差异

一般而言，因陶俑多属于陪葬品，中国人并不爱收藏，而西方的收藏家则是为了比较中国文化与西方文化雕塑史而收藏。希腊与罗马文化的雕塑是以大理石石雕为主，中国的雕塑文化则是表现在玉器与陶器上。直到佛教传入中国后，中国才开始出现大量的石雕，魏晋南北朝时期出现了龙门石窟、云冈石窟与麦积山石窟等精美的石雕艺术。中国的地质环境以石灰岩与砂岩为主，所以石雕的精致与细腻程度无法与欧洲地区的雕塑品相比拟，但其散发出简约、含蓄的独特艺术美感（图3-27）。

⊙ **唐三彩的鉴定**

唐朝的陶俑有彩绘陶俑、白釉陶俑与三彩陶俑（图3-28），其中以唐三

图 3-25 北魏人面镇墓兽

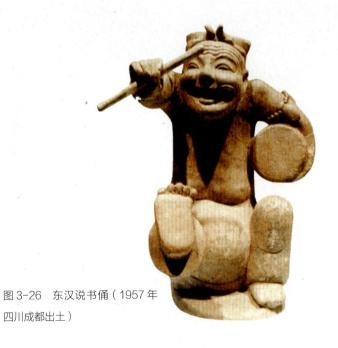

图 3-26 东汉说书俑（1957 年
四川成都出土）

图 3-27 山东青州出土北魏佛像（摄于山东博物馆）

图 3-28　唐代白釉陶俑（洛阳博物馆藏）

彩最为著名，同样是作为上层阶级的陪葬品，除了人、动物等造型，也有建筑物与镇墓兽，用来放置在墓室的两旁。在唐朝以前，镇墓兽造型多是鹿角、神灵或抽象概念，并且是组装的。到了唐朝，由于丝绸之路通行，中原地区吸收了西域的文化，可能受到埃及狮身人面像的影响，造型多为人面动物身。

唐三彩俑形体比较大，而且大多是一体成形，颜色多为五彩缤纷，比较豪放，另外也有骆驼或阿拉伯马等表现西域特色的作品。

2011年，我曾办过一场两岸陶艺研讨会，特别请来内地的陶艺专家与仿古专家，其中几位河南制作仿品的专家，专门仿制钧窑、汝窑与唐三彩。从他们的报告中得知，现在仿制与做旧的技术已经相当高超，所以收藏钧窑、汝窑与唐三彩都需要特别注意赝品的问题（图3-29）。

从釉质来看，唐三彩上铅釉，亮薄透明，缺点是容易龟裂，而且经过一千多年，真品的釉色因为年代久远有一种含蓄的趣味。一般赝品如果上了

图3-29 高水望仿唐代三彩盖罐

图 3-30　唐三彩香炉
（摄于河南考古研究所）

铅釉就会过于透亮，无法做出古代的效果，因此赝品往往需要先做旧，再用化学溶液腐蚀，但因为是刻意制造出来的腐蚀效果，釉面裂痕很不自然（图 3-30）。

　　由器形看，唐三彩的器形多样，有仕女俑、马俑、胡人俑、镇墓兽等，每一种都有不同的制作原则。特别是唐代马俑，由于马在当时是很普遍的交通工具，且暮见于眼前，所以当时工艺师捏制出来的马，不论釉陶或是彩绘陶马的造型都栩栩如生（图 3-31）。但是现在的工艺师不常看到真马，对于马的细节观察不够仔细，因此捏制出来的形状就不自然，特别是脚部的动作最容易失真。

　　唐三彩的烧制地点主要集中在河南黄冶窑与西安黄堡窑。黄堡窑的唐三彩负责供应当时的西京长安，黄冶窑的唐三彩则主要供应东都洛阳。古语："生于苏杭，葬于北邙（洛阳邙山）。"洛阳自然需要大量的陪葬品，包括唐三彩。除了作为陶俑外，唐三彩也广泛地作为建材，如宫殿的屋脊、屋顶上的装饰、喷水的雕件、瓦片或地砖等（图 3-32）。

图 3-31　唐代彩绘陶马

（洛阳博物馆藏）

图 3-32　唐代三彩
龙头套饰（耀州窑
博物馆藏）

瓷器

说物

西方人对青花瓷的喜好反映在古董市场上，如果在拍卖场上有机会看到从海底沉船打捞上来的中国古代青花瓷，几乎都能全数拍出，欧美地区喜爱古董文物的富人、收藏家们都会争相购买，因为他们对中国青花瓷器有莫名的向往。直至今日，我们依然能看到一些欧洲的家庭将中国青花瓷盘挂在墙上。

对中国人而言，盘子不过就是吃饭用的食具，但是对欧洲人而言，盘子不仅是一种食具，更是身份、地位、财富与权力的象征，因此他们会将青花瓷盘挂在墙上，或将青花瓷器摆在柜子中展示。

🌀 2.3 亿元人民币：元代青花"鬼谷子下山图罐"

2005 年 7 月 12 日，英国发生一件震惊全球古董市场的大事，知名的拍卖公司佳士得（Christie's）在伦敦一场中国瓷器拍卖会中，一件元代青花"鬼谷子下山图罐"（图 3–33），被一位欧洲买家以 1568 万英镑（时约合 2.3 亿元人民币）买下，可见欧洲人对中国青花瓷的强烈渴望，尽管中国大陆、台湾也有收藏家参加拍卖会，但均不敌这位欧洲买家，因为欧洲人愿意为元代青花瓷付出的价格比中国人来得高。

在中国的审美观念里，宋代才是瓷器（尤其是青瓷）制作的巅峰，因为青瓷彰显了单纯、宁静、典雅与简约的极致，与中国固有的审美观相合。

图 3-33　元代青花"鬼谷子下山图罐"

　　2012 年在香港苏富比拍卖会上，一件"北宋汝窑天青釉葵花洗"（图3-34）最终以 2.0786 亿港元（时约合人民币 1.6877 亿元）成交。可能因为同为亚洲民族，日本人较懂得欣赏单色青瓷的汝窑，日本收藏了许多中国古代瓷器，其中有几件北宋汝窑。西方人后来也懂得欣赏，美国、欧洲都有收藏家收藏中国汝窑，但因为汝窑传世稀少，只能零星地被收藏在具备代表性的博物馆里。

温故知新

瓷器等于中国

　　西方人称中国为"China"，而瓷器的英文正是 china，可见西方人认为瓷器最能够代表中国。中国的瓷器制造技术较西方早一千多年，在东汉（约公元 2 世纪）时期，中国人已经可以制作出青瓷，此时西方人还在使用木器、

图 3-34　北宋汝窑天青釉葵花洗

陶器，或是金属器与石器。

东汉以后的一千多年中，瓷器进入全球的贸易体系，不断销往东北亚、东南亚、中东、欧洲等地，范围越来越广，赚取了很多外汇，为中国创造了政治、经济及文化上的繁荣。

汉代时就有商旅通过丝绸之路进行贸易，将瓷器运往中亚、西亚地区。到了唐代，丝绸之路更为鼎盛，来往贸易的商旅更多，瓷器的外销量逐渐增加。这些作为中国与西方贸易桥梁的商旅，主要是西域部族，尤其以现今土耳其的塞族最为有名，他们将大量瓷器贩售到中亚、西亚及欧洲地区。

瓷器的海上与丝绸之路

唐代以后，瓷器贸易逐渐由陆路转为海路运输，于是出现了海上瓷器之路。此转变的因素有二：一是陆路运输较危险，丝绸之路多为沙漠地区，有很多土匪抢掠商旅；另一个因素是中国造船技术进步，唐末宋初，中国的造船厂因应贸易发展，制造出可远航海外的尖底船，中国对外远洋贸易开始兴盛。

宋代以后，海上瓷器之路分为东北、东南航线，分别通往东北亚（日本、韩国）及东南亚地区。此外，也延伸到中东、欧洲地区，最远甚至到达非洲。当时进行瓷器贸易的除了中国船，也有许多伊斯兰船。陆路的丝绸与瓷器之路逐渐没落，海上瓷器与丝绸之路成为主流（图3–35）。

震惊全世界的中国瓷器

在元代，忽必烈大帝掌权时，名为马可·波罗（图3–36）的威尼斯人曾经来到中国，并在朝廷服务了一段时间。他回国之后写了一本《马可·波

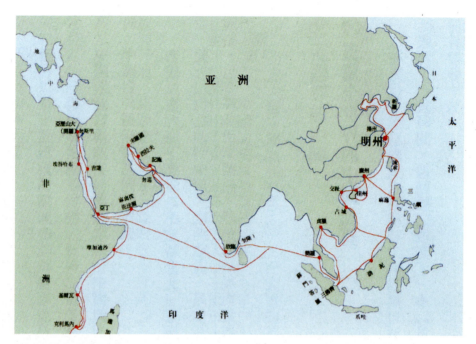

图 3-35　海上瓷器之路

图 3-36　马可·波罗

罗游记》，将元代的强盛与富庶状况描述得非常吸引人。

马可·波罗带回的中国白瓷，震惊了当时的威尼斯贵族，他们发现中国的瓷器莹润光洁，剔透如玉。当时的西方人还以为瓷器是用玉石甚至是贝壳制作的，也有人以为釉料是贝壳磨成粉末而制成。

除了作为艺术品的审美功用，西方人将瓷器当作食具，且比起原本所使用的木制、金属食具来得更容易清洗，用久了也不会有残垢或是生锈的困扰，影响了西方的饮食文化，同时也迅速增加了西方人对中国瓷器的需求。

元代、明代与清代景德镇以及南方沿海瓷器厂所生产的青花瓷器，质地光洁亮丽，白地蓝花，相互辉映，纹饰丰富，寓意深远，从 14 世纪以来，风靡全世界，成为中亚、西亚与欧洲皇室、贵族与富有阶层身份、地位与财富的象征。尤其是元代所生产的青花瓷器，为当时伊斯兰世界的皇室与贵族争相订购，作为权贵与阶级的象征。

如今在土耳其伊斯坦堡托普卡比宫（炮门宫）博物馆（The Topkapi Saray Museum, Istanbul）及伊朗德黑兰国立考古博物馆（Iran Bastan Msuseum，现为伊朗国家博物馆 National Museum of Iran），依旧收藏数量惊人的中国古代瓷器，而元代青花瓷器的收藏更是傲视全球。由于历史与传统的影响，直到现在，不论欧洲、伊斯兰还是东南亚地区仍对中国青花瓷器情有独钟（图 3–37）。

2012 年，上海博物馆邀集土耳其、伊朗、英国、美国、日本、俄罗斯，及中国文博、考古机构，共 30 余处公私立收藏单位，汇集 90 余件展品，举办“幽蓝神采——元代青花瓷器大展”，吸引了全世界的参访者。

在中古与近代，全世界对中国瓷器的向往与仰慕，日本、朝鲜、东南亚、

图 3-37　元代至正十一年款青花云龙象耳瓶（伦敦大维德基金会藏）

中亚、西亚与欧洲贵族不断向中国采购瓷器，从早期唐代的长沙窑，宋代的青瓷、青白瓷，元代的青花瓷，到明代的五彩瓷，清代的珐琅彩瓷，形成了中国长达一千多年的瓷器贸易史（图 3-38）。

🌀 北宋汝窑青瓷，中国审美观的最高水准

宋代的社会可以说是文人掌权的社会，文人的审美品位也由上而下地影响了整个民间，尤其宋徽宗本身就是个艺术家，在他领导、监督之下制作的御用瓷器，由白瓷转为天青色的青瓷，即我们现在所知道的"汝窑"青瓷（图 3-39）。

一般而言，北宋的汝窑是没有任何纹饰的，因为在当时的美学观念里，单纯、典雅、含蓄是审美的最高标准。当时的高丽（今韩国）曾经派工匠到中国学习烧制瓷器的技术，并将技术带回国，发展出"高丽青瓷"（图 3-40）。在早期的阶段，他们完全模仿中国的汝窑制作，因此也是完全单色，但到了 12 世纪初期，他们开始发展出自己的趣味、风格，在瓷器上刻画一些花纹装饰，填上了黑白的图，开创了高丽青瓷中最具代表性的品种——镶嵌青瓷（图 3-41）。这代表高丽人的民族审美观，与中国宋代还是不同。因此可说，汝窑是专属于中国的艺术品，它呈现了中国人对于空灵、自然、简约、纯朴的追求，看似平淡无奇的东西，却蕴含了无限、细腻的变化。

宋徽宗在位期间，烧制的汝窑为数并不多，而且金国灭北宋后，汝窑便不复见。如今全世界大概不足百件，主要收藏于各大博物馆中。即便是拥有最多汝窑的台北故宫博物院，也只有 21 件。第二多的收藏地点是故宫博物院，一共有 17 件，此外，英国的大维德基金会（Percival David

图 3-38　北宋景德镇湖田窑青白釉执壶（景德镇湖田窑博物馆藏）

图 3-39　北宋汝窑长颈瓶（摄于河南考古研究所）

图 3-40　韩国高丽时代青瓷温碗与执壶（韩国中央博物馆藏）

图 3-41　韩国高丽时代镶嵌青瓷（韩国中央博物馆藏）

Foundation of Chinese Art）7 件（现藏于大英博物馆），其他约 10 件散藏于美、日等博物馆和私人收藏，根据统计，全世界只有不到 10 家博物馆收藏汝窑瓷器。

1992 年，一件直径 8 厘米的汝窑小盘在纽约苏富比拍卖行的一次拍卖会上以 154 万美元成交（时约合 1014 万元人民币）。后来在香港的一次拍卖会上，一件汝窑三牺尊更曾经创下 5000 万港元的天价（时约合 4227 万元人民币）。2012 年 4 月，在苏富比的香港拍卖会上，一件北宋汝窑葵花洗以 2.0786 亿港元落槌成交，刷新了宋瓷的拍卖纪录。

稀有与珍贵如汝窑的艺术品，一旦进到拍卖会寻求买家，一定会在短时间内就以天价成交，收藏家想买还不一定买得到，也因此仿品非常多。

其实不只是瓷器，书画的仿制更容易做到，现今科技发达，只要用投影机把书画投影到墙壁上，直接照着原作描画，便能达到几乎百分之百的相似度。仿制印章也变得容易许多，只要运用电脑技术与机械仪器，就可以刻出几乎与真品印章一模一样的赝品。在这个艺术品市场充斥着假货的时代，拥有专业鉴定技术的鉴定师显得格外重要。

一般来说，陶瓷的赝品，只要透过细腻的鉴定手续一定可以揭穿，需要的是工艺技术与材料的知识。比起工艺品，书画的鉴定难度就高一点，真伪之间往往有许多争议，即使是经验丰富的鉴定专家也有看走眼的时候。

古代工艺品的鉴定与社会因素、器物功能、材料知识、工艺技术等密切相关。仿制品必须全部符合当时的所有特征，而许多条件已经无法在现代重现，因为材料缺乏与古代技术失传等，所以在仿制上往往有一定的阻碍与难度，这些便提供了鉴定专家辨识古代工艺美术品的机会。

✿ 欧洲掀起瓷器热

宋代是中国青瓷技术发展的鼎盛时期，当时的青瓷曾经风靡全球，到了 16 世纪晚期，龙泉青瓷在欧洲贵族圈掀起一阵热潮。在法国的一出歌剧 *L'Astrée* 中，有一位男主角穿着如青瓷颜色般的衣服，因为他在剧中的名字叫"雪拉同"（Céladon），因此，西方称呼中国的青瓷为"Céladon"（图 3-42）。

欧洲人一直到了 18 世纪之后，才知道制作瓷器的秘密，逐渐开始制作属于他们自己风格的瓷器。然而，在欧洲的瓷器中，却看不到单色的青瓷。这牵涉到下列两个因素：

第一个是品位的不同，青瓷是中国文化孕育而生的产物。在中国的艺术史中，宋代以前的瓷器是单色釉为主，而宋代是象征中国文人美学最盛的时代，宋人讲究含蓄、典雅、简约的文化，因此使用单色釉制作瓷器。而

图 3-42　宋代龙泉盘龙瓶（浙江省博物馆藏）

西方美学的观念则比较重视花纹与图样的设计，因此对青瓷的向往不如对有花纹与图样的青花瓷那样热衷。

第二个是时代因素，因为欧洲人在 14—15 世纪才大量接触中国青花瓷器，虽然从 10 世纪到 13 世纪是中国青瓷的繁盛时代，但是到了十四世纪以后，青花瓷逐步取代青瓷的市场。17 世纪以后，欧洲吹起一股"中国热"的风潮，欧洲的皇室与贵族开始热衷于收藏中国的青花瓷器，也因为如此，西方人对中国青花瓷有莫名的喜爱。

瓷器的发展

商周时期最重要的发展是原始瓷器，春秋战国则以原始瓷器与印纹硬陶为主。印纹硬陶是用 1000 摄氏度高温烧制且没有上釉的陶器，上面的印样使用麻布或绳索印在陶胎上，再拿去烧制。比起传统的陶器，印纹硬陶的质地更坚硬，渗水率更低（图 3-43）。

到了东汉以后，陶瓷工匠开始制作出合乎瓷器标准的青瓷，色泽呈青绿色，主要烧制地点在浙江一带，此区自古以来天然资源丰富，适合烧制陶、瓷器，不过到魏晋南北朝时烧制出的瓷器，在质地上才能算是真正的瓷器（图 3-44）。

青瓷的颜色来自于铁元素的发色。由于烧制瓷器需要高温，所以燃烧到一定阶段，必须将窑门密封起来，让窑炉闷烧，此时窑室内氧气不足，火焰呈现还原焰[①]。

---

① 烧窑火焰可分成氧化焰与还原焰。"氧化焰"是指充分供给氧气，燃料能完全燃烧的火焰，具有氧化能力；"还原焰"是不完全燃烧的火焰，具有很强的还原作用。铁元素在氧化焰中形成氧化铁，呈黄色或褐色，在还原焰中则形成氧化亚铁，呈青绿色。

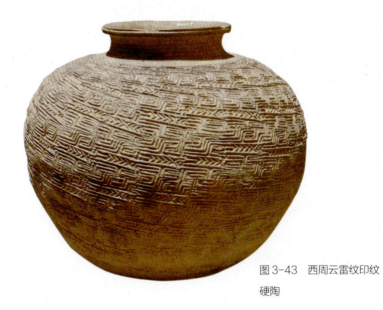

图 3-43　西周云雷纹印纹硬陶

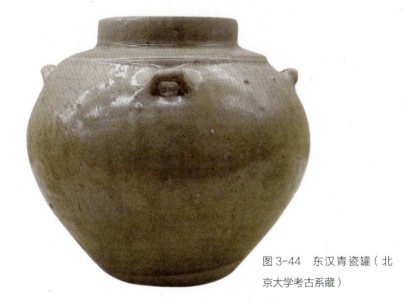

图 3-44　东汉青瓷罐（北京大学考古系藏）

因为还原作用的关系，釉中的铁元素在还原焰中形成氧化亚铁，使釉色呈现出青绿色。魏晋南北朝烧制出来的瓷器，在釉色与釉质上比东汉时期的青瓷更均匀，表面也不会斑驳不平（图3-45）。早期以土黄或是黄绿色为主，后期开始出现绿色。不过碍于技术，釉料没有办法涂满陶胎，否则在烧制的过程中，底部会黏住，所以只能上半釉，或称"挂半釉"（图3-46）。

瓷器的鉴定

🌀 熟悉时代文化，培养判别敏感度

黑白陶

商周时期的黑白陶数量比较稀少，尤其是白陶器，因为白陶器用瓷土做成，烧制温度约在摄氏1100度到1200度，还未达1200度以上，不能称作瓷器，因此称为白陶器。白陶器做工精美，上面印有花纹或是青铜器上常见的纹饰，只有皇室与贵族才有资格使用，多作为祭器使用（图3-47）。

原始瓷

本来在市场上很少有原始瓷的仿制品，可是近20年来，国外的博物馆与收藏家认为原始瓷代表全人类发展瓷器的初始阶段，于是很多人开始收藏原始瓷，中国收藏家也加入收集的行列，在粥少僧多之下，使仿制品越来越多。

由胎土看，古代的胎土一般都是比较松软，赝品的胎土使用现代机器所制作的瓷土，胎土质地细致，烧成之后质地比较致密。

图 3-45　三国时期青瓷熊尊（绍兴越国文化博物馆藏）

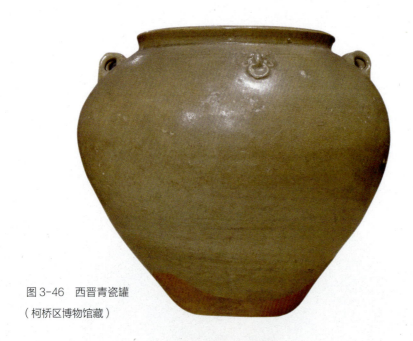

图 3-46　西晋青瓷罐

（柯桥区博物馆藏）

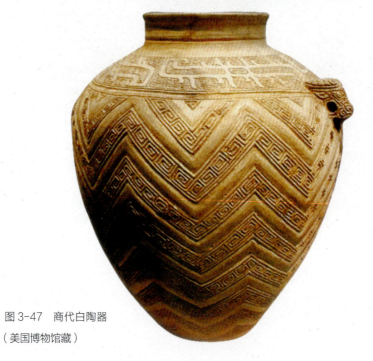

图 3-47　商代白陶器

（美国博物馆藏）

由器形看，每一个时代与社会所使用的器物，都因其生活功能与审美风尚，或是文化内涵而展现出不同的器形，熟悉时代文化与风尚，就会对器形产生一定的判别敏感度。除此之外，真品都是手工捏制或是拉坯，许多原始瓷呈歪斜扭曲、厚度不一；赝品虽然也是刻意用手工捏制，但因为现代制瓷技术毕竟比古人要好，用高速辘轳旋坯出来的器形还是比较规整。

由老化现象看，赝品为了要仿古，会刻意制造老化与裂痕，如果用放大镜看，会发现裂痕里面还是很新。因年代久远，瓷器釉面有些会有斑驳的现象，一般而言，赝品的斑驳现象是人为所做，比较不自然，不像是自然脱落所形成。

从釉质来看，真品的釉料因为技术不纯熟，杂质多，釉面不均匀，有凹凸不平的现象，赝品的釉面较为平整，杂质也相对要少（图 3-48）。

印纹硬陶

虽然印纹硬陶在当时属于比较普及的物品，市场价值不算太高，但随着越来越多人收藏，现在市场上也开始出现仿制的印纹硬陶。尽管在技术上，陶器比较容易仿制，可是赝品的纹路比较呆板，纹路、深浅也一致（图 3-49）。

由陶土看，古代的陶土杂质多，而现代的赝品，虽然也会刻意掺入杂质，但成分还是不同，胎土仍然会显得比古代纯净，这点需要特别注意。

汉绿釉

东汉是陶器和瓷器并行发展的时代，瓷器是原始瓷器，陶器则是汉绿釉（图 3-50）。因为釉料的调配不一，含铜元素多的釉料烧制后成品呈现绿色，铁元素多的釉料烧制后成品则呈现褐色、咖啡色或红褐色。因为陶器涂上釉料不仅可以防渗水，外观也美，所以多用来盛酒。

图 3-48　原始青瓷的釉面现象（春秋时期原始青瓷器）

图 3-49　战国时期印纹硬陶
（绍兴博物馆藏）

图 3-50　汉代绿釉建筑明器（洛阳博物馆藏）

从胎土上看，有土黄胎、砖红胎，胎土一般粗松，胎土之中杂质多。

从釉色上看，以铜元素发色，故釉色呈现绿色。釉质为铅釉，釉色有流动现象，釉薄、不均匀、杂质多而有透明感。

从釉斑来看，汉代距今已有二千年，因为时间久远的关系，水气与汉绿釉的釉中元素互为作用，逐渐在釉面因为析晶作用而形成一层一层像云母片状的银色釉斑，俗称为"银斑釉"（图3-51）。赝品也会制作出银斑釉，不过因为是用化学溶液腐蚀，形成时间短，银斑釉呈现粉状，很容易脱落。另外，有些业者会裁割汉代绿釉器物上的银斑釉黏贴在陶器上，要特别注意胎土与釉的质地。

图3-51　银斑釉

从器形上看，汉绿釉多制作成酒钟，因此如果是酒钟以外的汉绿釉陶器就要特别注意。

1989年，我应台湾"华视"之邀，特地到内地拍摄纪录片《陶瓷故乡》，参观了13个省区的博物馆、30多个古代窑址，如南宋官窑、耀州窑、长沙窑等，以及5个石窟寺，如龙门石窟、云冈石窟等。有一天晚上我在旅馆里看电视，刚好播《管仲传》，其中一幕令我印象十分深刻，管仲还没任官之前为一介平民百姓，当他与妻子一起用餐，桌上所用的器皿就是陶碗，看起来就像是春秋时期的印纹硬陶，形状不是很规整。这显示出电视剧组的历史考究得很仔细，确实反映古代的情况。

魏晋南北六朝之后，青瓷变成当时的主流，南方的浙江地区除了青瓷外，也烧黑瓷，黑瓷的发色是因为瓷土里面的铁元素含量很高，呈现褐色或黑色，称为黑釉或褐釉。

汉代的纹样与魏晋南北朝的纹样差别很大，汉代以云气纹或是植物纹为主，到了东汉时期佛教传入中国，许多瓷器上开始出现带有佛教色彩的纹饰。进入魏晋南北朝，除了器形之外，最明显的就是瓷器上的纹饰开始出现许多莲花纹饰。唐代杜牧的《江南春》诗中写道："南朝四百八十寺，多少楼台烟雨中。"印证了当时佛教的兴盛。同时，瓷器上的莲花图案成为一种时代标记，是鉴定魏晋南北朝瓷器的标准之一（图 3-52）。

除了莲花纹外，因为陪葬风气盛行，也制作明（冥）器，如谷仓罐（魂瓶），用来陪葬，一方面彰显墓主人的家世优渥，丰衣足食，同时也有吉祥的寓意，并祈求来世的幸福（图 3-53）。

🌀 鸡首壶

魏晋南北朝时期，鸡首壶（又称天鸡壶、鸡头壶）开始流行，除了当作酒壶或是水器使用，也会作为陪葬器用。器物上的鸡头造型，显现出魏晋南北朝对鸡的喜爱，这股风气表示流行文化自古皆有，如同现在我们疯迷Hello Kitty 一样，不过当时资讯传播的速度不比现在，器物的流行会持续较长时间。一直到了唐代，因为当时酒器出水口的方式更改，以短"流"倒酒，鸡首壶就渐渐消失了。现在鸡首壶在市场上的流通量很少，价值越来越高（图 3-54）。

图 3-52　魏晋南北朝莲花青瓷小碗

图 3-53 西晋青瓷谷仓罐（柯桥博物馆藏）

图 3-54　东晋点彩鸡首壶（柯桥博物馆藏）

由器形看，以鸡头造型为主，但是也曾经在少数墓葬中发现羊首壶、虎头壶、猪头壶。

由釉色与釉质看，有黑釉、褐釉与青釉。不论是黑釉、青釉、褐釉都有釉色分布不均的现象，釉质之中有许多杂质，同时釉层多会裂开，鉴定时注意裂痕的层次感。

由土质看，胎土为灰色，土质较松，杂质颇多。有些赝品会刻意在胎土中添加杂质，做出效果，但是仔细审视，还是可以分辨出来。

由老化作用看，釉光因年代久远而显得含蓄温和，釉面开裂细碎而有层次感（图3-55、图3-56）。

🌀 唐代的"秘色瓷"

唐代的青瓷技术又往上提升，特别是浙江地区出产的瓷器，称为越窑青瓷。陆羽《茶经》中记载："碗，越州上。"证明越窑的瓷器独步天下。最具代表性的瓷器是"秘色瓷"，釉色呈现出湖水绿的颜色，有人说是艾草绿

图3-55　西晋鸡首壶（局部）（摄于香港艺术馆展览）

图 3-56　南朝点褐彩鸡首壶（绍兴越国文化博物馆藏）

的颜色，为唐代皇室专用，非常精致。

秘色瓷在唐朝以后只有史书记载，没人见过实物。乾隆皇帝曾作诗："李唐越器人间无，赵宋官窑晨星看。"就是在感叹无法亲眼看到秘色瓷。一直到 1987 年西安法门寺的地宫出土一批秘色瓷后，大家才知晓秘色瓷的面貌，而唐朝二百多年的历史就只留下十几件可以作为标准器的秘色瓷（图 3-57）。

我曾去法门寺地宫两次，第一次顺利看到秘色瓷，我本来想拍照，但每一件瓷器旁都站满了公安人员，根本不敢拍摄。第二次去看的时候，展示柜里面只剩下照片，实品已经借到国外展览了。不过现在中国国家文物局已经决定许多国宝级文物不再外借，因为古代文物大多相当脆弱，毁坏与受损的风险太高。

魏晋南北朝和唐朝中间只隔一个隋朝，但秘色瓷的做工技术却大幅跃进，而且是全器上釉，在当时的技术水准之下，实属不易，显示当时越窑的工匠为了进贡给皇帝，真是不计成本，也创造出越窑的黄金时代。秘色瓷影响到后来的北宋徽宗皇帝，决定接续传统发展出具有北宋特色的汝窑青瓷。

除了秘色瓷外，唐朝的瓷器呈现"南青北白"的态势，浙江地区烧制青瓷，河北、河南与山西地区则烧制白瓷。唐朝的白瓷以河北邢窑最为著名（北宋则称定窑），釉色莹润，胎体洁白。唐代以后的北宋以及南宋，普遍在瓷器上刻花与印花（图 3-58）。

唐朝以后，瓷器使用越来越普及，在大量生产的考量之下，工匠为了节省制作时间，开始使用模具将图案直接转印在瓷器上，此种制作纹饰的方法称之为"印花"。唐代北方地区除了生产白瓷之外，在河南地区也盛产

图 3-57　陕西法门寺地宫出土唐代秘色瓷

图 3-58　北宋定窑荷花水鸟刻花折腹盘

黑瓷与花瓷。

　　花瓷的做法是先在瓷器表面施涂一层黑釉之后，再上一层蓝釉或白釉，两种釉色在窑中因为受热而互相融合、流淌，自然产生"窑变"的效果，因此做出来的每件瓷器颜色都不一样，以河南鲁山段店窑最具代表性（图3-59、图3-60）。

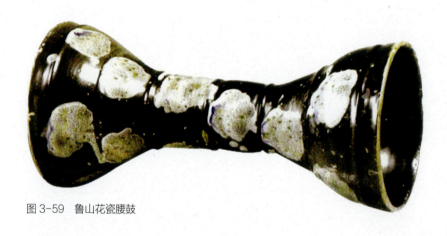

图 3-59　鲁山花瓷腰鼓

图 3-60 河南鲁山段店窑残片（摄于河南考古研究所）

❀茶具❀

说物

🌀 **全世界仅三件的"曜变天目"茶碗**

宋代时禅宗盛行，浙江地区的天目山是相当著名的修行场所，当时有许多日本僧侣远赴天目山求法。他们发现中国禅僧的休闲活动是喝茶，喝茶不但可以养生，还能提神醒脑，让人在打坐听讲时不会疲惫。中国的茶文化影响了日本僧侣，他们把中国的饮茶法及黑釉茶具带回日本，连带兴起日本对福建黑釉茶碗的收藏狂热。

日本是中国以外收藏最多福建黑釉茶碗的国家，其中包括三件"曜变天目"茶碗。

"天目"是指当初日本僧侣从天目山带回的茶碗代称，也代表黑釉碗的意思。目前全世界被认可的曜变天目茶碗只有三件，都收藏在日本（中国境内目前尚未发现完整器），分别收藏在东京静嘉堂文库美术馆、大阪藤田美术馆、京都龙光院，这三件都是当时到天目山求法的日本僧侣带回去的。

由于"曜变"是制作天目茶碗时，因高温窑烧，釉彩产生金、银、蓝三色交错的斑点，给人以夜间星空或是银河灿烂的视觉效果。所谓"曜变"也可能是中国"窑变"的谐音，这种釉烧法，主要是在器物上施用两次以上釉层，让釉层在高温的窑炉之中自然流动变化而成，因此烧成之后，每一件都是独一无二的面貌（图3–61）。

图 3-61　此件"曜变天目"藏于日本东京静嘉堂文库美术馆

据说这种曜变天目碗流传到日本之后，成了王公贵族争相追捧的宝物，其中一件被织田信长所得，另一件是德川家康传下来的秘宝，第三件在明治年间被三菱总裁岩崎小弥太所收藏。这三件天下名器，后来辗转收藏在目前的处所。

温故知新

宋人饮茶不用茶杯

中国的饮茶文化从唐代到宋代有相当大的转变。唐代饮茶的方式是煮茶法，到了宋代则改为点茶法，即先煮好茶后，将茶叶研磨成粉末，再把粉末倒进茶碗里，用热水冲，一边冲一边用茶筅搅动，有点类似日本的抹茶。因此，宋人饮茶时并不使用茶杯，而是使用茶碗（图3-62）。

茶具的保温功能非常重要。宋代茶碗中，以中国福建省的建阳窑所产制的黑瓷碗最著名。因为此地的胎土含铁量高，做出的黑瓷茶碗具有很好的保温效果，因此是相当优秀的茶具（图3-63）。

工艺家与文人合作，综合型艺术"明代紫砂壶"

紫砂壶是明代以后兴起的一种茶具，捏制紫砂壶的紫砂矿土主要由紫泥、绿泥、红泥三种基本颜色泥料混合而成。紫砂壶的保温效果很好，不仅可以吸收茶香、茶味，使用得越久，泡出来的茶越醇、越香，所以说紫砂壶有吸色、吸味的特点（图3-64）。

北宋梅尧臣有诗云："小石冷泉留早味，紫泥新品泛春华。"这两句诗说尽了紫砂壶之美，而从诗中来判断，紫砂壶在宋代已经出现了，只是由于

图 3-62　南宋"木叶天目"茶碗（摄于日本大阪东洋陶瓷博物馆）

图 3-63　南宋"油滴天目"茶碗（摄于日本大阪东洋陶瓷博物馆）

图 3-64　各种各样的紫砂壶（摄于南京博物院）

茶具的变革，到了明代才兴盛起来。

宋代所使用的茶具是茶碗，一直到了明代，开国皇帝朱元璋认为制作茶叶太耗费民力、财力，建国时，战乱仍频、百废待举，为了提倡简约，所以反对过度精致的茶末、茶粉所泡的茶。他要求一般人民喝散茶，停止制造耗工又非必需品的茶叶，新鲜的茶叶只要经过烘焙后就可以喝了，不需精制。也因为茶叶制作的观念改变，茶碗逐渐被淘汰，明代人的茶具改为使用较小巧的茶壶、茶杯（图 3-65）。

明代人在制作茶壶时发现，陶制茶壶因土壤中有许多铁质，保温效果良好；相较之下，瓷器太容易散热，且材质较薄，导致瓷器的保温效果不佳。当时，明代的茶具工匠使用宜兴地区的紫砂土来制作陶壶，紫砂土具有很好的延展性，且土质黏腻，易于塑形，成品不易龟裂。因为紫砂壶的需求量越来越高，刺激江苏宜兴茶具制作技术的进步，也越来越受到大家的重视。

明代的饮茶文化与佛教僧侣的关系密不可分。饮茶这种休闲活动，主要是从佛教僧侣开始，甚至有些僧侣精通茶具的制作，利用修行之外的空闲时间捏制陶壶。当时的僧侣除了钻研佛法外，几乎都具备艺术修养，文人雅士也喜欢与僧侣来往。在饮茶谈笑之间，不免对茶具的好坏越来越讲究，逐渐有一批工艺家，专门制作、供应茶具给这些文雅之士（图 3-66）。后来，这些讲究茶具的文人雅士，也开始与制作茶壶的工艺家建立合作关系。文人写诗、作词，再请工艺家将他们的作品刻在壶上，形成了紫砂壶文化。紫砂壶的特色在于，它是文人与工艺家结合制作出的茶具，上面刻有文人题的诗、书、画、印（图 3-67）。

因此可以说紫砂壶的形体包含了五种艺术：诗、书、画、印，以及茶壶

图 3-65 端庄古朴的古代紫砂壶（摄于南京博物院）

图 3-66 充满文人书画艺术气息的紫砂壶（摄于南京博物院）

图 3-67 气质优雅的明清时代紫砂壶（摄于南京博物院）

本身，是多元艺术的综合体，非常文雅。明代之后，陆陆续续出现了很多具有文人特质的工艺家，如时大彬、陈鸿寿等人。有许多明代的工艺师同时也是文人，比如明末清初的陈鸣远。

日本从20世纪60年代开始盛行茶道，不过到20世纪80年代这股风气才渐渐传到台湾。品茗不免会讲究、比较茶具，因此，台湾人开始购买大量的紫砂壶，许多20世纪中国大陆的紫砂工艺师，像顾景舟、蒋蓉、潘持平等人的作品都销往台湾（图3-68）。

茶具的鉴定

⚙ 工艺家的微妙意趣

紫砂茶具鉴定要注意器形、材料、工艺技术、纹饰、款识、审美时尚与使用痕迹等个人与时代性的特色。

一、器形

好的工艺师所制作的茶壶一般器形简练，具备端正优雅之美感。

二、材料

一如好的画家会选用一流的纸张与颜料，好的工艺师一般都选用高级泥料，我们必须仔细审视紫砂泥料精致与否，这从器表的细腻程度可以看出端倪。但是部分工艺师有意识地以粗泥制作出具有特殊质感或是艺术特色的紫砂壶，因此，必须仔细辨识工艺家的创作意图。

三、工艺技术与程序

紫砂壶工艺有方壶、多棱壶、圆壶、肖生壶等，各有不同的制作方式与难度。方壶与多棱壶是以陶泥版接合而成，再细心以手工修整，一流的

图 3-68　提梁紫砂壶（顾景舟作品）

工艺师会将壶身制作得中规中矩，器身的各个部位，例如壶嘴、壶口、壶把等细节之处，修胎平整，做工细致，具有一股典雅的气质。

四、纹饰

一流的工艺师具备一流的文艺素养，其设计的纹饰简约、含蓄而高雅。

五、款识

好的茶具，其所刻的诗文的含意幽远，镌刻的刀法流畅自然，书法具备文人气息，工艺家的款印布局优雅，印文清晰。

六、风格

著名的工艺家都有特殊的个人设计风格与制壶的技术风格，有人以轻薄闻名，有人以含蓄朴质著名，有人以端整闻名，有人擅长肖生器。我们必须了解每一位工艺家的制器风格与审美意趣，仔细辨识其中微妙之处。

除了个人风格之外，尚有时代风格，一般而言，明代紫砂壶的器形较大，风格朴拙；清代紫砂壶则较为小巧，做工精致，泥料细致。

七、老化程度

具有一定年代的紫砂壶，经过多年摩挲与使用，自然有一种老化、古朴、苍茫的趣味，不仅具有经年所累积的茶垢，而且壶身所彰显的光泽与一般新制作的紫砂壶明显不同，必须仔细辨识其中味道。

第四章

书画篇

说物

⚛ 自古名画多薄命

人类的生命无法像画作一样可以流传百世，可是历史上却有人想和名画长相厮守，永不分离，例如黄公望的《富春山居图》与凡·高（Vincent Willem van Gogh）的《嘉舍医师的画像》（*Portret van Dr. Gachet*）。

《富春山居图》（图 4–1）为元朝画家黄公望（1269—1354 年）的代表作，这是黄公望以浙江的富春江为背景所创作的水墨作品，他随身携带画作，兴致一来就增添几笔，前前后后画了三年（1347—1350 年）才完成，因此作品的后段与前段的墨色浓淡不同。

到了明代晚期，《富春山居图》流传到大画家董其昌手中，后来他卖给收藏家吴之矩，吴之矩再传给儿子吴洪裕（问卿）。清顺治年间吴洪裕临死之前，吩咐后人烧掉《富春山居图》作为陪葬品。所幸他的侄子吴贞度不忍心看到名画就此消失，及时从火堆中把作品抢救出来。不过画卷已经被烧成两段残卷。

前段经过重新装裱，民国初年曾流落民间，后来被上海鉴定家与收藏家吴湖帆收藏，现藏于浙江博物馆。原卷首的小段绘画经过修补之后，称为《剩山图》（图 4–2），画中有 1669 年王廷宾的题跋，说明 1650 年吴洪裕火烧《富春山居图》的故事。

图4-1 黄公望《富春山居图》卷（局部）

图 4-2　黄公望　富春山居图《剩山图》卷

后段画卷画幅较长，因题跋上提到本画原是给无用师①，故称之为《无用师卷》，现藏于台北故宫博物院。

2011 年 6 月 2 日，《剩山图》与《无用师卷》在台北故宫博物院合并展出，分开超过三百年的两段残卷终于有机会重新合并，让人得以一窥全貌，让人庆幸这幅名画没有真的付之一炬。

凡·高《嘉舍医师的画像》的命运就不像《富春山居图》那么好。1990 年 5 月，日本大昭和纸业公司董事长齐藤良平在纽约佳士得拍卖场上，以 8250 万美元的天价（时约人民币 5.43 亿元）购买了《嘉舍医师的画像》（图 4-3）。

此价格比《没胡子的自画像》于 1998 年所拍出的 7150 万美元的高价还要高出 1000 多万美元，创下当时的艺术品拍卖世界纪录（图 4-4）。

齐藤良平晚年曾扬言要烧毁这幅杰作作为陪葬，以躲避巨额遗产税，他在 1996 年因病逝世后，《嘉舍医师的画像》也从此下落不明。

这幅画真的跟着齐藤一起进入坟墓了吗？失踪艺术品记录组织（The Art Loss Register）的专家经过调查后，认为齐藤可能将画作转卖给另一位收藏家，并没有烧毁画作。如果这位收藏家没有意愿将画作借给博物馆展览，我们将永远见不到《嘉舍医师的画像》。

从上述两个故事中得知，历史上有些收藏家对于艺术家的作品有着深深的爱恋，由于太过执着，甚至想和画作同生共死，永远占有名画，可见书画艺术自有迷人之处。

---

① 根据学者考证，无用师本姓郑，是黄公望师弟，号无用，无用师是位道士。1746 年清代收藏家安仪周死后家道中落，《无用师卷》变卖后被清宫所收藏。

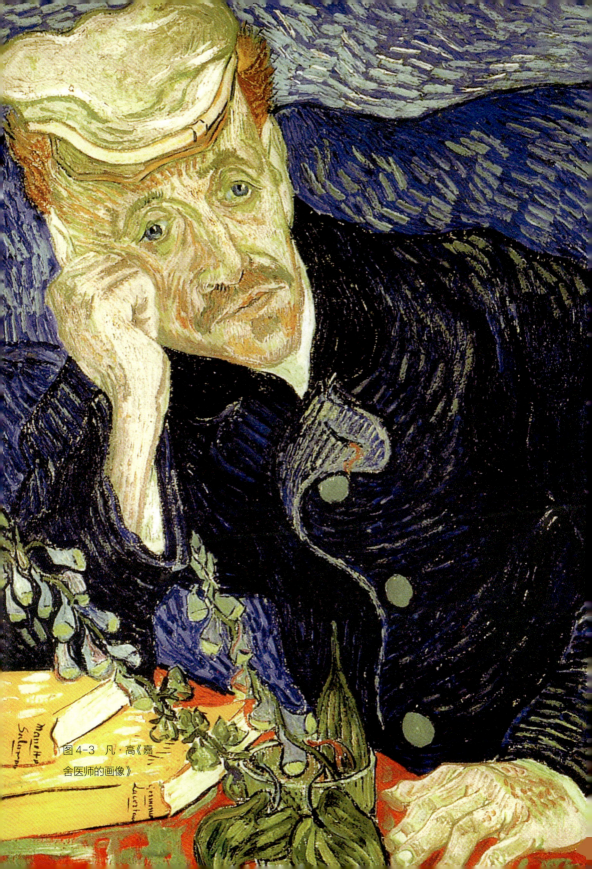

图4-3　凡·高《嘉
舍医师的画像》

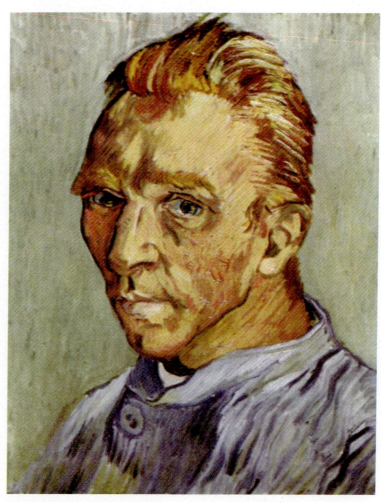

图 4-4 凡·高《没胡子的自画像》

温故知新

🌀 史前人类的洞穴壁画

人类作画的历史最早可以追溯到史前时代，人类利用涂绘、刻、凿、钻等方法在山洞、峭壁的岩石上绘画，称之为"岩画"。

1879 年，西班牙桑坦德省（Santander）的阿尔塔米拉（Altamira）洞窟岩画，在一个偶然的机会，被考古爱好者桑托拉侯爵（Santuola）年幼的女儿玛丽亚（Maria）所发现。

洞穴中最有价值的是洞室顶部的壁画——用明暗不同的红色赭石颜料和黑色线条绘制的几头野牛。根据先前测定，岩壁绘画制作于公元前 13500 年左右，到了 2008 年，研究人员利用"铀钍定年"技术进一步发现，画作的创作期间长达 2 万年，并不是在相对短暂的时期内完成。2012 年，最新的铀钍定年研究结果发现部分艺术品十分古老，有的已经存在了 35600 年（图 4-5）。这是第一个被发现绘有史前人类壁画的洞穴。这个发现在 1880 年首次公布，但是许多专家不相信史前人类有能力创作如此精美的岩壁绘画，直到 1902 年，才确认壁画的真实性，大幅地改变了我们对史前人类艺术的认知[1]。

自 19 世纪晚期开始，世界各地陆续发现岩画遗址，例如，法国的肖维岩洞（Grotte Chauvet）发现了上千幅史前壁画，可追溯至距今 36000 年前的

---

[1]　阿尔塔米拉洞窟的岩壁绘画于 1985 年被列入联合国教科文组织的世界文化遗产名录。

图 4-5　西班牙阿尔塔米拉洞窟岩画（局部）

人类文明，这些发现使得岩画逐步成为一项新兴的学术研究 ①。

中国地区的岩画研究大约起源于 20 世纪 50 年代以后，学者研究这些岩画，并与同时期的红陶与彩陶等陶器纹样进行比对，理解当时史前人类画作的题材主要以生殖、巫术（萨满）崇拜，以及祖先信仰为主轴（图 4-6）。

图 4-6　广西《左江花山岩画》（局部）

①　1940 年 9 月 12 日，法国多尔多涅省的四个儿童在和他们的宠物狗玩耍的过程中，突然发现追逐野兔的狗掉入了一个洞穴内。他们挖开洞顶，利用绳索进入洞内，发现了洞内庞大的壁画，法国政府将其列为重点文物保护对象。

🌀 绢帛绘画

中国到目前为止所发现的绢帛绘画，最早的是两幅战国时代的帛画，其中最具代表性的绘画《人物龙凤帛画》，又称为《龙凤仕女图》（图4-7）[①]。

除此之外，《人物御龙图》于1973年在湖南省长沙市子弹库一号墓出土，从共存器物的组合判断，应是战国中期作品。画幅出土时平放在椁盖板与棺材之间，应是引魂升天的铭旌，其显示出当时的画家已经熟练地使用毛笔作画（图4-8）。

直到目前为止，因为年代久远，布帛容易腐朽，除了壁画之外，尚未发现其他的汉代纯艺术性绘画作品，但是由于当时人们习惯先在画卷上作画，之后再请工匠转刻铸在画像砖与画像石上，所以我们可以从画像砖与画像石上得见当时的绘画风格。

🌀 汉代画像砖与画像石

目前从山东、四川、河南等地所出土的汉代画像砖与画像石，题材多为打猎、捕鱼、马戏、音乐表演、神话传说与历史典故等。从商周到六朝间，因为艺术在儒家思想中强调其社会教化的功用，所以画作内容多半以教忠教孝等社会意义为主题，除此之外，也会描绘一般庶民的田猎生活与贵族的奢华生活（图4-9）。

[①] 《龙凤仕女图》是东周战国中晚期的帛画精品，1949年出土于湖南省长沙市东南郊楚墓，是现存最早的中国帛画之一。

图 4-7 《龙凤仕女图》

图4-8 《人物御龙图》

图 4-9　东汉画像石（山东嘉祥出土，摄于山东博物馆）

🌀 隋唐以后，画中山水与人物的比例渐渐合乎自然

由于隋唐以前的绘画内容多半强调带有教化意味的人物画，所以画中人物的比例会比背景的山水与树石还要大（图4-10）。

隋唐以后，画家的视野与绘画的广度都大幅增加，绘画题材慢慢扩大，从原本的政治教化功能，扩充到纯粹艺术的领域，如花鸟、虫兽、山水、人物。绘画手法开始强调实地观察，所以山水与人物的比例渐渐合乎自然。

唐代张彦远所著《历代名画记》中谈论古代绘画："魏晋以降，名迹在人间者，皆见之矣。其画山水，则群峰之势，若钿饰犀栉，或水不容泛，或人大于山，率皆附以树石，映带其地。列植之状，则伸臂布指。"我们从东晋顾恺之的《洛神赋图》可以见到当时的画风（图4-11）[①]。

《历代名画记》的内容涵盖中国上古与中古绘画史，可以作为后世学者考据与研究唐代以前绘画史必读的文献，从中可以窥探出当时绘画风气兴盛的景象。

🌀 隋唐出现许多一流画家

唐代朝廷开始招收画家入宫担任皇家画师，但是民间也有一流的画家。当时最重要的人物画家如吴道子，擅长以佛教题材为主的壁画，常在寺院

---

① "群峰之势，若钿饰犀栉"。钿饰，用金片做的首饰；犀栉，用犀牛角做的梳子、篦子。就是说，那时画家所画的山峰，不像山峰，而是像金片做的首饰，犀牛角做的梳子一样。"水不容泛"所指的就是当时的画家画水的时候，并没有画出波浪与水纹的习惯，如此表现的水看起来是无法泛舟的。"列植之状，若伸臂布指"，意思是说，当时的画家所画的树木，树干就像是伸直的手臂，枝叶就像张开的五指。

图 4-10　《女史箴图卷》（局部）（大英博物馆藏）

图 4-11　顾恺之《洛神赋图》，宋摹本（故宫博物院藏）

的墙壁作画，文献记载曾有屠夫路过寺院，看到他画的《地狱变相图》，吓得不敢再杀生。可惜吴道子的作品大多为壁画，至今可以见到零星的摹本，但尚无真迹传世。

除此之外，隋代的展子虔、唐代的李思训、李昭道父子也是当时著名的画家，通过精致细腻的笔调，勾勒山水树石的轮廓，并加以填色与勾金，产生金碧辉煌的效果，凸显出隋唐时代偏爱华丽盛美的审美品位（图 4-12）。

另外，文人雅士的画风也在唐代开始萌芽，代表人物是诗人王维，善于以浅淡笔法画山水画，开创出新的风格，后世尊称他为"文人水墨画之祖"。

五代十国，山水画成为主流

五代十国因为处于战乱之际，很多文人或画家纷纷躲到山中隐居自适，反而有机会能近距离观察山水风景的真实样貌，并以作画自娱。

此后，中国的绘画逐渐以山水画为主流，而且比唐代的山水画更为写实，如范宽当年住在太行山，利用单纯的墨色画出巨山大石的雄伟风貌，他最著名的作品为《溪山行旅图》，此幅画作中央，一座巨大高耸的主山矗立在眼前，形成一种壮丽的视觉效果（图 4-13）。

当时的画风分为南北两派，除了范宽之外，最著名的四大家为"荆、关、董、巨"，北方画家以荆浩、关仝为代表，强调主山堂堂、浑厚壮观的雄伟风景；南方画家则是以董源、巨然为代表，描绘出云雾缭绕、烟雨迷蒙的江南风景（图 4-14）。

图 4-12　展子虔《游春图》（故宫博物院藏）

图4-13 范宽《溪山行旅图》(局部)
(台北故宫博物院藏)

图4-14 巨然《秋山问道图》

🌀 宋代，中国写实主义绘画第一个高峰

到了宋代，宫廷绘画开始兴盛，但因宋代距今近千年，能保留下来的画作不多。许多作品为宫廷画家所作，画风写实，意境高远，尤其花鸟绘画，成就颇高（图 4-15）。

宋徽宗承接五代以来的画院制度，大幅度提高画院画师的地位与待遇，由皇室召集了当时的一流画家，让他们可以无忧无虑地创作。由于宋徽宗本身也是艺术家，所以亲自担任主考官，监督画家的素质，甚至与画家共同创作，以他写实主义的观点与"格物"的观念为主轴，细腻观察宇宙自然与社会的种种现象，真实地表现自然界的山水、花鸟生态，以及含蓄优雅的人物绘画。

从美术史的脉络来看，中国写实主义绘画的成就在宋代达到第一个高峰（图 4-16）。

🌀 元代四大家：黄公望、吴镇、倪瓒、王蒙

元代为蒙古人掌权，文人的地位仅高于乞丐，十分卑微，画家并没有受到官方太多重视①。

除了因为怀柔政策任用宋代皇室后裔赵孟頫为翰林学士承旨之外，另一方面借助赵孟頫协助审定皇室书画收藏。当时大多数的文人与画家生活拮据，官方也无意支持艺术创作。

---

① 元代的统治者将社会阶级分为一官、二吏、三僧、四道、五医、六工、七匠、八娼、九儒、十丐。

图4-15 宋人《疏荷沙鸟图》

图 4-16　宋徽宗《桃鸠图》（局部）（台北故宫博物院藏）

所幸在元代，纸张的使用已经相当普及，越来越多的画家可以在纸张上作画，除了流传的作品增多之外，绘画的技术也逐步演进。再者，利用水墨在纸上作画有别于在绢上作画，由于水墨渲染的效果，渐渐形成具有潇洒与写意风格的水墨画，其中"元代四大家"的黄公望、吴镇、倪瓒、王蒙擅长随兴自由的画风。黄公望的浅淡之风，吴镇的秃笔作画，倪瓒的逸笔草草，王蒙的自然野趣，形成了文人写意山水画风，比起宋代所强调的写实主义，元代的山水画风转向疏朗、潇洒与抒情的风格（图4-17）。

董其昌将中国的山水画分为南北二宗

明代建国之后，朝廷逐渐恢复了宋代的画院制度，慢慢培养出一批宫廷画家。

早期明代宫廷画家的成就不是很突出，经过明代初期永乐与宣德皇帝的提倡，明代中期以后，民间画家开始逐步崛起，如杭州的戴进、吴小仙等人被称为"浙派"（图4-18）；江苏太湖地区以沈周、唐寅、祝枝山、文徵明等人为主导的"吴派"（图4-19）。这些画家继承了宋代与元代的绘画精髓，虽然他们以布衣文人自居，而且终生不仕，但事实上已经是职业画家。

此时卖画的市场比较成熟，价格也有一定的标准，许多画家可以卖画为生。例如，当时在画坛颇受到重视的唐寅，曾作诗标榜职业画家的清高，诗云："不炼金丹不坐禅，不为商贾不耕田。闲来写就青山卖，不使人间造孽钱。"（图4-20）

到了明代晚期，江南松江府地区工商业发达，文化艺术兴盛，许多大家自成一派，出现了以顾正谊为首的"华亭派"、以赵左为首的"苏松派"、

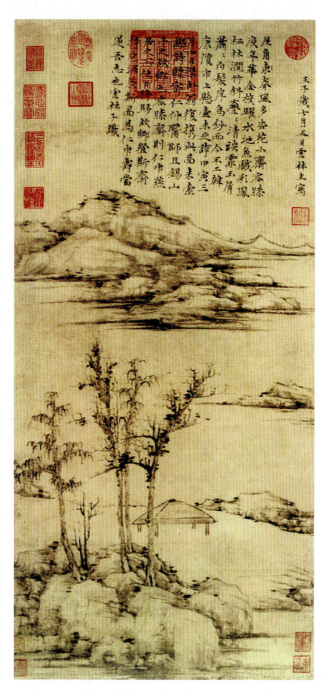

图4-17 倪瓒《容膝斋图》（局部）（台北故宫博物院藏）

图 4-18　戴进《月下泊舟图》

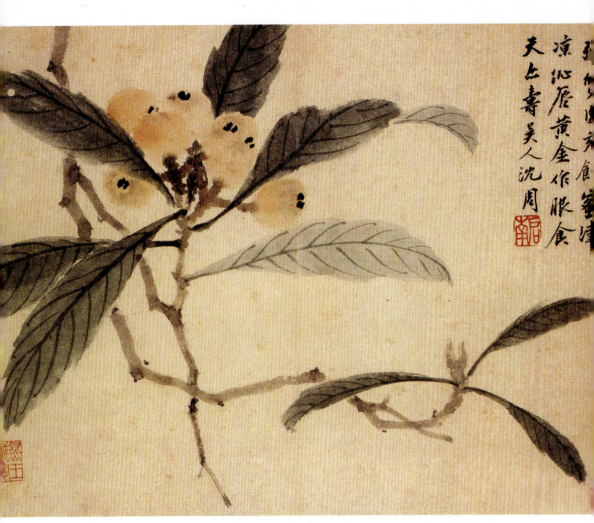

图 4-19 沈周《卧游图》(故宫博物院藏)

松溪訪隱君在
過橋去日暮攜
枝路群鴉噪
向樹南
晉昌唐寅

图 4-20 唐寅
《松溪访隐图》

以沈士充为首的"云间派"，被统称为"松江画派"或"云间画派"。

"华亭派"以董其昌为代表，他深谙古法，用笔洗练，墨色清淡，风格古雅秀润，代表了此派的风格（图4-21）。

董其昌官拜礼部尚书，为当时画坛领袖，他的主张能形成巨大的社会影响。他提出"南北宗"的看法影响了当时及现在的画坛。他以禅宗分南北宗的概念，将中国的山水画分为南北二宗。

董其昌强调南宗绘画的正统地位，提倡文人画的书卷气，主张崇南贬北。他认为北方画风属于院体派，强调工笔精致，不如南方文人所喜好的写意潇洒画风。

🌀 西方画风东渐

明代晚期，西方的传教士开始进入中国传教，也带进西方的插画与版画作品，这些作品所使用的人物画与风景画的绘画技巧进而影响到中国画家，例如曾鲸，吸收西方对光影、立体的绘画元素，画出凹凸有致的人物画。

此外，雅好文化的社会风气，加上资本主义的观念开始在中国萌芽，鬻画为生的职业画家愈来愈普遍。

继承明朝的画院制度，清代宫廷也扶植了一批宫廷画家，如王时敏、王鉴、王翚、王原祁，人称"清初四王"，绘画以临摹为主，画风精工细致，不过也因为是模仿他人作画，所以多是堆山叠石的画法，没有太多的创意（图4-22）。

在野画家以"明末四僧"为代表——原济（石涛）、朱耷（八大山人）、髡残（石溪）、渐江（弘仁）。前两人是明宗室后裔，后两人是明代遗民，四人抱有强烈的民族意识。他们抒写抑郁之气，在艺术上主张"借古开今"，

图 4-21　董其昌，山水作品

图 4-22 王原祁《竹溪松岭图卷》（故宫博物院藏）

反对陈陈相因，独抒内在性灵（图 4-23）。

扬州八怪崛起于清代中期，主要在扬州地区卖画，称他们"怪"是因为每个人都具备强烈的创新思想，凸显了自己的独特风格，最具代表性的人物有金农和郑板桥。郑板桥融合隶书与楷书，表现出特殊的笔法，以竹画最著名（图 4-24）；金农的书法风格融合漆书与古代碑版，绘画则表现出浓厚苍古的趣味（图 4-25）。

在西力东渐之下，画家开始吸收强烈的色彩观念，绘画表现朝向更鲜艳的趋势。清末的上海与岭南地区分别出现"海上画派"与"岭南画派"。

海上画派以任熊、任薰、任颐（任伯年）"海上三任"为首（图 4-26），还有吴昌硕以及 20 世纪的陶冷月、冯超然、吴湖帆等人，受西方绘画的影响，开始大胆使用色彩鲜艳的颜料，像是大红、大绿等，进行色彩革命。吴昌硕就利用红色颜料画出了非常鲜艳的花朵，将中国以传统水墨为主的浅淡画风改变为红花墨叶的创新风格（图 4-27）。

岭南画派则有"二高一陈"为代表，即高剑父、高奇峰以及陈树人，也称"岭南三杰"，他们吸收西方的色彩学与日本的朦胧画派，绘画方式如同化妆先打粉底一样，在画纸上善用白粉，以"撞粉"的方式，形成柔美的粉色系效果，表现出水墨与色彩晕染与朦胧流畅的绘画趣味。

🌀 画家出国学画，中西融合

民国以后，中国画家纷纷出国学画，如徐悲鸿、林风眠、常玉到法国，李铁夫则是到英国。新中国成立后开始有画家到苏联学习印象派与写实派，如靳尚谊在 1955 年到苏联油画训练班学习，政府也延请了许多苏联画家到中国教授绘画。

图 4-23　渐江，山水作品

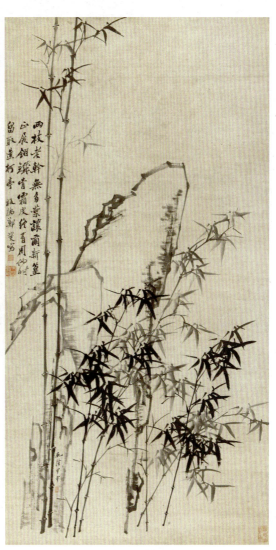

图 4-24　郑板桥《竹石图》

图 4-25　金农《梅花图》(美国纳尔逊美术馆藏)

图 4-26 任伯年《花鸟纨扇》

图 4-27　吴昌硕《红梅图》（上海博物馆藏）

民国初年的台湾地区尚处于日治时期，所以像黄土水、陈澄波、李石樵、杨三郎等人纷纷到日本留学，学习西方的野兽派与印象派的技巧。

国民党政府来台后，台湾年轻一代的画家开始转往欧美国家学画或是发展绘画事业，如丁雄泉、赵春翔、朱德群等人。

画家从西方的写实主义到超现实主义，大量地学习西方的技法与审美观念（图4-28）。

徐悲鸿在法国学习写实主义的画风，其绘画不论是油画、水墨画皆充满强烈的写实主义风格，重视画中对象的肌理结构和立体光影是他的特点。

图4-28　赵春翔《德沛宇宙》

他回国后在大学任教，被当作文化界的代表人物，后来曾任中央美术学院院长，在中国艺术界的地位崇高（图4-29）。

林风眠从20世纪的法国引进了野兽派与表现主义的画风（图4-30），他的学生吴冠中则引进了立体主义与抽象主义，以形式主义的观念进行创作，专注于画面构成的变化（图4-31）。林风眠的另外两位学生——赵无极与朱德群——都各自在抽象绘画的领域里闯出一片新天地（图4-32、图4-33）。

20世纪的中国画坛繁星众多，另一位耀眼的明星是以积墨法与光影法著名的李可染，年轻时曾经学习水墨与西画，后来再跟随齐白石、黄宾虹学习水墨画，所以他的绘画含有强烈的中西融合趣味。其山水画具有强烈的立体与光影效果，这是以前中国的山水画没有的现象，创造出前所未有的风格（图4-34）。

🌀 张大千、溥心畬

尽管在20世纪，中国画家积极学习西方的绘画观念，可是有些画家还坚持中国传统的绘画风格，如张大千、溥心畬等人。张大千、溥心畬两位画家籍贯一南一北，当时有"南张北溥"之称。

张大千出生在四川，早期的画作带有清代画家石涛的风格，用笔秀美，属于南方山水画风。他四十岁到敦煌石窟，用长达两年多的时间，临摹二百多幅壁画，因此习得西域地区绘画的色彩配置，此后作画开始出现色彩斑斓的效果，也突破原有的传统水墨画风。如果没有接受敦煌临摹经验的洗礼，就不会有后来创新突破的张大千艺术（图4-35）。张大千主要的学生有孙云生、孙家勤等人。

图 4-29　徐悲鸿，素描《孙多慈像》

图4-30 林风眠《芦雁图》

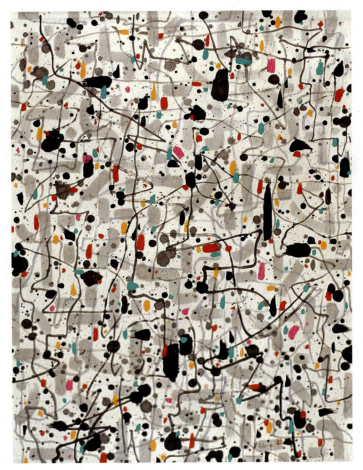

图 4-31 吴冠中，彩墨作品

图 4-32 赵无极，抽象作品

图 4-33　朱德群《地平线的另一端》

图 4-34　李可染，水墨《麦森教堂》

图4-35　张大千《墨荷》

溥心畬为清皇室后裔，其保留北方画派的雄强挺健画风，在 20 世纪画坛占有一席之地，1949 年后随着国民党政府来台湾地区教书，其门生有江兆申，江兆申再传弟子有周澄、李义弘、颜圣哲等人，使北派的命脉得以在台湾延续（图 4-36）。

另外因地理因素，台湾的画家受"岭南画派"影响也很大，在台湾的代表画家是欧豪年。

🌀 中国大陆与台湾地区的艺术市场

台湾在 20 世纪 60 年代开始已有现代画的概念，当时大陆正经历"文化大革命"，而台湾则进行对中国画的改革，出现了现代画运动，如刘国松等人的"五月画会"与夏阳等人的"东方画会"，大力鼓吹中国画的现代化，开辟了新派画家表现创作的空间与舞台（图 4-37）。

1985 年，中国艺坛兴起"八五新潮运动"，不论在雕塑、书法、水墨方面都在进行新的讨论与变革，与台湾在 60 年代开始的现代画运动类似，画家开始思考如何改变中国画风，以符合现代趣味，对现代画改革需求越来越强烈。其油画作品开始融入西方现代画的观念与技巧，展现新的画风。

同时，大陆在 20 世纪 80 年代后开始改革开放，画家开始行销自己的创作，并在外国势力介入炒作之下，在艺术市场形成风潮，如岳敏君、曾梵志等人。艺术家也开始懂得利用西方模式进行艺术的表现，如徐斌的天书或蔡国强的爆破艺术等。

中国现代艺术品成交价破亿元的纪录，在经济持续繁荣发展的前提之下，可以想见其现代画的艺术交易将非常兴盛，同时作品的成交价码也会逐年攀升（图 4-38）。

图 4-36　溥心畬《终南进士行旅图》

图 4-37 刘国松《月之律动》

图 4-38 曾梵志油画作品《最后的晚餐》于2013年香港苏富比拍卖会中以1.8044亿港元拍出

目前拍卖市场上，齐白石、徐悲鸿、李可染、吴冠中、张大千等人的作品价格都处于最高阶层，作品不仅昂贵，而且在市场上流通的数量越来越稀有。原本被忽略的其他画家，其精品也有蠢蠢欲动的态势，2014年上海朵云轩的春拍精品全国巡展中，适逢吴湖帆诞辰120周年，他的三件作品皆以千万元人民币拍出（图4-39）。

艺术市场瞬息万变，有些被大家忽略的画家，会在时机成熟之际，在艺术市场发光发热，真正有艺术价值的作品，终究会在长时间的品评与验证之下脱颖而出。

内地画家在高价支撑下，激励出许多人才与创意，更勇于尝试创新，形成百家争鸣的繁盛景象。台湾的艺术市场却因为景气低迷，作品流通不佳，使得许多画廊与收藏家一味竞逐内地画家作品，因缺乏赞助者，市场与创意成果显得越来越有限。台湾画家的封闭处境，发展远远不如内地画家，更不用与日本或韩国的画家比较。

目前整个华人艺术市场的重心早已经转移到北京与上海。台湾的艺术家在为此一时代与土地留下文化与艺术记录的当口，着实需要本土画廊、经纪商与收藏家的实质力量，大力支持。

书画的鉴定

🌀 一眼认出是哪位画家的作品

宋代字画是目前在市场上看得到最早的中国字画，但因为保存不易，并不常见，且因古绢仿制困难，故赝品不多，再加上画作往往有画家与收藏家的用印，如何仿制也是难以解决的复杂问题。因此，市场上赝品最多

图 4-39　吴湖帆《浙东小景》

的是明清以后的画作，因为纸张的材质和画风与现代比较接近，仿制容易，也因为收藏者众多，导致市场价格更高。

书画有别于其他的工艺品，是纯粹的艺术表现，画家在创作时不必考虑太多材料或是技术的问题，只须单纯表达个人心灵、感情与思维。在美学上，书画被归类为纯粹艺术，而在欣赏纯粹艺术时，重点在于探索画作隐藏的文化意涵。

一、风格

风格是画家内在心灵的外显，鉴定画作时，第一眼要注意的是每一位画家本身独特的风格，所谓"风格"可以分成两个层面：时代风格与个人风格。个人风格又随着画家个人的演变，而有早、中、晚期的变化。

每一位画家都是时代的产物，不论是社会环境或是文化教育、流行思潮都是形塑画家的力量，作品表现出来的风格也反映出画家身处的时代气氛与意义。每个时代画家的画作风格都不同，如欧洲19世纪的印象派、明朝的吴门画派、浙派等，都是画家在该时代的环境下，大同小异的风格表现。

艺术风格受限于时代与地理环境的制约，要特别注意画作中"偏离时代审美趣味"的现象。例如，宋朝的绘画一方面写实；另一方面以文人品位为主，在创作上表现浅淡、简约、自然、空灵的水墨趣味，线条含蓄而优雅，配色典雅。宋代山水画家喜欢"主山堂堂"的样式，表现巨大雄伟的构图（图4-40），即便如此，北宋与南宋因为地处不同的风土人情，画风大不相同。南宋定都临安（杭州），江南氤氲的雾气与湿润多雨的环境，使此一时期的山水绘画构图将山石实体偏向一边，另一半的空间喜欢以留白处理，展现出雾气迷蒙的空灵趣味（图4-41）。如果有人拿了一幅绘有大红大紫、笔法粗犷而率真的画作，称是宋代画作，可信度就不高。

尽管画作带有时代的风格，但是每一位画家各有个性、品位与才华，会自然而然地表现出他的与众不同、带有强烈个人风格的色彩。我们在欣赏画作之时，应该能一眼认出这是哪一位画家的作品。画家在青年、中年与晚年时期的作品往往有差异，形成不同风格，我们必须对此进行深入分析与研究，才可以根据风格，进一步分辨出作品的时期。

二、技巧

看画时，第一眼欣赏风格，之后针对画家的技巧进行理性的分析。

油画主要以块面与色彩表达立体、光影，中国画则以线条展现物像轮廓的真实与本质，以笔墨为主，所谓"笔"就是线条的表现，所谓"墨"就是墨色的层次表现。

以单一工具而言，中国人运用毛笔绘出线条的历史与技法，比西方更多元与深入，毛笔可以纵横上下、抑扬顿挫，也可以干湿浓淡、快慢正侧，或是破笔，或是秃笔，可以一笔单色，也可以一笔多色，真可谓变化万千。

中国文化历史悠久，不同时代的画家对书画线条都有不同的主张与表现。笔线是一个时代、一位画家审美与创意的特殊标记，例如从六朝到唐代的人物画史，有所谓"曹衣出水，吴带当风"之说。

"曹衣出水"，根据宋代郭若虚《图画见闻志》记载："曹之笔，其体稠叠，而衣服紧窄。"指出北齐时期的人物画家曹不兴，线条重叠而稠密，所画人物好像刚从水中起身，衣服紧贴肉体（图4-42），充满感官与肉体之美。而"吴带当风"意谓唐代人物画家吴道子开创了"兰叶描"，古书上说他"行

图 4-40　北宋，李唐《万壑松风图》
（局部）（台北故宫博物院藏）

图 4-41 南宋，马远《踏歌行》

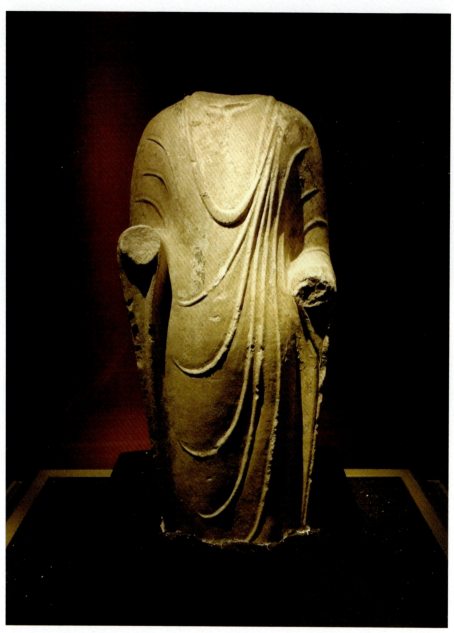

图 4-42　北齐佛像石雕（济南考古研究所藏）

图 4-43　吴道子（传）《天王送子图》（局部）（日本大阪市立美术馆藏）

图 4-44　顾恺之《女史箴图》，唐摹本（局部）（大英博物馆藏）

图 4-45　傅抱石，山水作品

图 4-46　徐渭《墨葡萄图》

　　以张大千的泼彩泼墨作品来说，一般人往往以为张大千的作品只要有泼彩泼墨就是真的，但我们看画之时要站在画家的创作立场，张大千的泼彩泼墨不是随性泼洒的结果，他有意识地将石青、石绿等墨彩当作画中的云雾处理（图4-47）。

　　中国山水画的特色之一是留白，也就是刻意利用云的白色当作山水间的缓冲，但是张大千将这些空白处填上颜色，泼上墨彩，以移动纸绢的方式让墨彩自由流动，进而形成云雾状效果。

　　既然留白是一种缓冲，如果要用石青、石绿的墨彩取代，泼洒的位置与造型就很重要，像是泼洒在山石和山石、山石和树木之间的云雾。如果仿制者不懂张大千泼墨泼彩的意义，只是把石青、石绿的颜色一股脑儿硬泼在画作上，东一块、西一块，徒然是画面上的累赘而已。

　　除此之外，张大千在壮年之时曾到敦煌临摹石窟画作，影响到他后来人物画的用色，采用了敦煌色彩配置的方法，如石青、石绿、朱砂、藤黄、赭石、花青、白粉等。这些色彩的用法都有固定的配色，如果一幅画被称为是张大千的画作，但是色彩配置与敦煌的配色系统有差距，或是配色方式不对，或是使用了不对的颜色，就必须仔细查看，经验告诉我很可能就是一幅伪作。

三、造型与构图

　　每一个画家都有自己一套的造型与构图的理念与方法，例如在画人物时究竟是要合乎比例，或是天马行空地夸张表现，反映出画家对造型的理念，譬如东晋顾恺之的仕女图人物，身材修长，类似欧洲文艺复兴时期波提切利（Sandro Botticelli）的《维纳斯的诞生》的人物表现。明朝陈洪绶、崔子忠等画家所表现出来的人物造型就以奇特著称，洋溢着一种超凡脱俗的趣

图 4-47　张大千《泼彩山水》

味，后人称之"变形主义"（图 4-48）。

每一个画家在创作时都有喜好的造型，组织起来就形成一幅画的构图，如张大千的水墨画，多奇形怪石，云雾变化多端，重点不在表现实景写生，而在于表现胸中丘壑。

画家本着自身的才情与素质，通过想象与重组，塑造出特别的山水构图，并反映出独特的感情与理念，只要鉴赏者能够辨认某种特殊的造型与构图，就可以知道作品是哪个画家的创作。

四、用色

唐代以前，中国画多为五彩缤纷、色彩斑斓的色彩，宋代以后则因文人崇尚以水墨作画，故不以鲜艳的色彩来表现，影响后世近千年。

中国的文人美学在元、明之际达到高峰。到了明代晚期，西风东渐，中国画坛产生质变，清代画作开始出现大红大绿的鲜艳色彩，如前面提到的海上画派与岭南画派。

进入 20 世纪后，文人美学的影响力已经式微，20 世纪 80 年代中国画开始出现新画风，到了 21 世纪则引进后现代主义，中国现代艺术家的画作不论是在用色还是技巧上都迸发出各式创新。

用色可以透露出画家的时代风格与个人风格，如清代的恽寿平将花卉添上浅淡的色彩，在优雅含蓄的文人画中带有一点西洋画的趣味。清末民初的齐白石则师承吴昌硕，以大红大绿的鲜艳色彩在画布上绘出红花绿叶，将天真诚挚的情感大胆表露无遗（图 4-49）。

2013 年 1 月 21 日，在济南举行的翰德迎春拍卖会书画专场中，张大千巨幅《泼彩山水》（46 平方尺）以 2.5 亿人民币的价格成交，创下中国书画作品成交新高，超过 2010 年嘉德春拍近现代书画专场，以

图 4-48　明代，陈洪绶《归去来图》（采菊）

1.008 亿元成交的张大千另一巨作《爱痕湖》价格，但是引发了许多质疑的声音。

一般认为泼彩画是张大千晚年的作品风格，张大千是在 1957 年修建"八德园"时，因为出力过猛才把眼睛弄坏的。在视力不佳的状况之下，1958 年，他开始研究泼墨泼彩的作品，而 1953 年，张大千年仅 54 岁，这期间他还没有开始创作泼彩作品。在济南翰德迎春拍卖会书画专场中的张大千《泼彩山水》作品，年代是 1953 年，不免启人疑窦。

从近年来的拍卖市场来看，赝品泛滥，经过市场有心人士统计，在拍卖场中流动的画作往往远超过画家在世时所创作作品的总量。有鉴于此，重要作品的鉴识，主要先要了解作品来源，来源清楚无误，特别是画家的家人、学生以及友人的旧藏比较能受到收藏界肯定。再者，早期展览著录的作品也是比较可靠的，如果突然冒出来一幅"巨作"，无论成交情况如何，多少都会受到市场怀疑，更何况作品本身出现了风格与技术的问题。

此幅《泼彩山水》，拍卖公司无法做出明确交代。一般而言，拍卖公司有为买卖双方保密资料的义务，但事实上，只要作品来源正确无疑，拍卖公司都会有意无意地运用各种管道将讯息传出，以增加作品的可信度，更增加作品高价成交的可能。

从风格上鉴识，远望此一作品，构图上有局促、琐碎之现象，整体风格上，不像是以"大气"与"气派"著称的张大千气质，加上山石树木等细节之处运笔琐碎，用笔板滞，山石与树木结构僵硬，有些地方过于细碎，与我们所见到张大千的作品有相当大的差距。

除此之外，张大千的泼墨泼彩作品，在泼彩之时，将石青与石绿颜

图 4-49 齐白石《长寿桃图》

料泼在墨色之上，再提弄纸绢让其颜料流淌，主要的用意是将石青、石绿泼洒成云雾之状。此幅作品虽有泼彩，但是颜彩不多，不像张大千其他泼彩作品具备大幅泼洒之趣，学者曾对此件张大千作品提出许多质疑，感觉创作此作的画家过于小心翼翼，似乎给人一种怪异的感觉（图4–50）。

图 4-50　2013 年山东济南举行的翰德迎春拍卖会书画专场中，张大千巨幅《泼彩山水》（46 平方尺）以 2.5 亿元人民币的价格成交

近几年来，许多藏家追逐张大千作品，加上拍卖公司不保证作品真假，使内地拍卖公司（包括大牌拍卖公司）有意或无意地频繁推出张大千作品拍卖，使赝品充斥拍卖市场，泛滥成灾。

许多仿制的张大千作品，尤其是工笔作品，以玻璃片打灯透视，加以细笔临摹，画得惟妙惟肖，难以分辨。有些更将印刷作品加以装裱，再进行做旧，在市场上当真迹出售，上当者不可胜数。

审视此幅作品中的山石，局部放大之后，可以明显看出用笔生涩，并非大画家的用笔（图 4-51）。放大来看水边芦苇或是植草，也看出虚弱与迟疑塞滞的用笔（图 4-52）。

图4-51　此幅作品中的山石局部，放大之后，用笔生涩，明显可以看出并非大家手笔

图4-52　从水边芦苇或是植草的描写笔法，可以看出画家功力不足与不自然的用笔

再将另一幅仿张大千的树群局部放大来看，用笔琐碎、粗率而僵硬，树木与山石所染颜色也不对，并非张大千手笔（图4-53）。此幅张大千伪作（局部）泼彩颜料不对，张大千所使用的颜料以传统颜料为主，所泼洒出来色彩具有沉稳、层次丰富的效果，除此之外，此伪作所泼洒出来的云雾形式僵硬、不自然，并非张大千手笔（图4-54）。

有鉴识能力者可以从书法鉴识是否为张大千真迹，因为书法的力度、速度、结字、布局等，不容易单靠临摹或模仿就能表现得神气十足，更何况造假者意在模仿，心虚之下难免会有"怯笔"现象，流露出迟疑、造作等痕迹。此一幅伪作的张大千落款与签名，可以看出怯笔现象，生硬而迟疑，尤其是张爱的"爱"字的最后一笔，用笔抖动震颤得相当不自然（图4-55）。

我们再从溥儒的作品来分析，整幅山水气质高雅，具备文人气质（图4-56），再从树石画法的用笔来观察，用笔简练而潇洒，有简逸之趣（图4-57）。从土坡草石细微处观察，更可以看出其用笔的潇洒自然（图4-58）。从落款来观察，其书写自然而具有秀雅挺健之趣，确是溥儒手笔（图4-59）。

五、落款与题跋

元代以后，画家开始在画作上题字、写诗。在画作上写诗、题字可代表画家本人具备文学素养，将诗、书、画同时表现在一幅画上。然而，因为要在画上写字，所以我们可以看出画家的书法风格，也是辨识真伪的途径。

画风容易模仿，因为可以修饰，但是书法是一气呵成，若非熟练到家，否则落款很难模仿，容易露出马脚，如果画家书法功力高超，则更难模仿。

图 4-53　此幅张大千伪作之中的群树，放大之后，看出用笔粗率、琐碎，染色方式不对，非张大千手笔

图 4-54 此幅张大千
伪作（局部）泼彩颜料
不对，所泼洒出来的云
雾形式僵硬

图 4-55 张大千伪作
的签名有怯笔现象

图 4-56 此幅溥儒作品，风格与气韵都显现出文人雅趣

图 4-57　将树石放大观察，用笔自然潇洒，有简逸之气，是溥儒作品

图 4-58　土坡草石的用笔简练潇洒，是溥儒手笔

图 4-59　从落款与签名之中，看出其书法秀气而挺健，书写自然不做作

因此，落款常常是鉴定一幅书画真伪的重点之一，赝品上的落款字数通常很少，因为伪造者写得越多，越容易露出原形。

除了落款之外，题跋也可以帮助我们鉴定画作的真伪。在字画前面的文字为"题"，在字画后的文字称"跋"，许多收藏家或书画家在收藏喜爱的字画之时，往往习惯在作品上抒发意见，写明这幅画出自何人之手，又为什么会流传到他手上等历史因缘，或抒发欣赏心得。这些题字或是跋文，一方面记载了收藏家购藏的过程与作品流传的经过，另一方面为画作真伪提供考究的证据（图4-60）。

图4-60　北宋书法家黄庭坚为苏东坡《寒食诗帖》所写的跋

六、用印

用印也是到元代以后才有的习惯。

本来用印是画家保证作品是真迹的手段，因此书画家印章一般随身携带，或放置在隐秘的地方，像民国时代的张大千，本身是仿画高手，深谙其中道理，因此他习惯每五年将印章整体汰换一次，据说便是为了防范做假。

在早期书画历史上，书画家用铜、铁等金属或是玉石制作印章，明代以后改用石头刻章，尤其以寿山石、昌化石等作为印章石材。许多文人画家具备治印的技术，喜欢亲手篆刻印章，所以刻出来的印文带有画家的独特布局、刀法、边框趣味等风格。

另外从印纹的布局和刀工、刻法也能看出是否为一方好印，一般而言，一幅名家的书画，上面所印的印章应该也是不错的作品。如果仔细审视之下，一幅画画得不错，但是印章艺术性却相当不足或是刀法不好，甚至是印刷的印文，就要特别注意（图 4-61）。

图 4-61　齐白石印，印文：齐璜印

除此之外，我们往往看到一些古画上盖有许多印章，说明这张画的收藏源流，透露出流传经过，有哪些人看过或是经手过这幅画作等讯息。我们可以从流传的每一方印章仔细推敲、理解。例如，历代皇帝喜欢在作品上盖下自己的印章，清代乾隆皇帝就很喜欢在收藏的画作上用印，这些印章多少可以帮助我们判断画作的真伪。

七、装裱

一幅画作的装裱透露出画作的时间（古画可能重新装裱，如宋代的画作可能在明朝或是清朝重新装裱）。装裱透露出画作价值，因为拥有名画的人不会粗率地装裱，会特别讲究裱褙的材质和裱工。如果一幅画的裱工很差，就要特别留意是否为赝品。

后记

收藏文物艺术品是一种高尚的兴趣，不仅可以"独乐之"，也可以"众乐之"。可以怡情、益智，可以储财，更可以收到养生的功效。

我认识很多喜欢收藏文物艺术品的收藏家，大多谈吐文雅，气质高尚，他们都不是一般短视近利之徒，都喜欢阅读文史与哲学书籍，喜欢在夜深人静之时，在书房灯下，独自观赏艺术作品或是抚触文物，享受"寂然凝虑，视通万里"的乐趣。

除此之外，也有许多醉心"艺术投资"，专注于艺术可以获取利润，而不问艺术价值的收藏者。这些人表面上以巧言谈美，却以价格高低评断艺术，追逐流行，内心深处将艺术视为商品或是获利的筹码，汲汲营营以之获取大利。我常觉得这些人会是最先被艺术所排斥，而与艺术审美享受绝缘的人。

比较古今中外的文物艺术收藏家，有许多人值得我们佩服，他们在有限生命时光之中，以其一流的眼光与过人的能力，为民族、社会有系统地发现并收集历史与艺术的见证，让后世可以经由文物与艺术品，理解人类思想、智慧、感情与技术的结晶，进而增长知识与智慧，体悟人生的意义，无非功德一件。

　　长久以来，我发现对待艺术的心态与方式不对，往往使人走错方向，自然无法理解与体悟艺术的真谛。我常常想，为什么许多收藏家以一生的时光收藏了满屋子赝品，究其原因，可能是因为他们以资产的眼光看待艺术收藏，将重心放在获利，而非审美的享受。另外，可能是因为他们习惯以感性评断艺术价值，没有将知性作为收藏与价值判断的工具。所谓知性，意谓以求取知识的理性态度探索文物艺术品的历史与真相，而非单纯以感性的态度看待文物艺术品。

　　艺术收藏的先决条件，除了一定的财力之外，更重要的是具备鉴识能力，而鉴识艺术品真伪的基础，在于深厚的文化素养以及正确的审美、价值判断。鉴识能力非一朝一夕之功，这种长期浸淫在阅读与欣赏的过程，正是涵养文化底蕴与培养审美能力的基础工作，也正是收藏过程中的最佳享受。

在年代电视台节目录影现场鉴定文物艺术品

与吴淡如小姐在节目之中讨
论镏金佛像

如今，中国已经迈入相当富裕的社会，文化与艺术休闲成为流行，参观博物馆与美术馆变成许多人的最爱，而收藏文物艺术品也成为许多人可以负担的兴趣。然而收藏并非简单的购物行为，需要一定的文化热情，更需要艺术素养作为支撑，因此，提升艺术审美水准及加强文物鉴识能力成为当务之急。

有鉴于此，我不揣浅陋，以抛砖引玉的心情，提供二十多年来学习鉴识文物艺术品的心得与收藏经验，在现代出版社的协助之下出版此书，用意在于唤醒大众对于文物艺术品收藏与文物鉴识的兴趣，我除了定时举办讲座与课程之外，将循序渐进地出版一系列与文物艺术品审美、鉴识相关的书籍，祈请诸位读者多加支持是幸。

版权登记号：01-2015-3558

图书在版编目（CIP）数据

行家这样寻宝 / 曾肃良著 . —北京：现代出版社，2016.5
ISBN 978-7-5143-4698-5

Ⅰ. ①行… Ⅱ. ①曾… Ⅲ. ①文物—收藏—中国
Ⅳ. ① G894

中国版本图书馆 CIP 数据核字（2016）第 049588 号

行家这样寻宝

作　　者	曾肃良
责任编辑	哈　曼
出版发行	现代出版社
通讯地址	北京市安定门外安华里 504 号
邮政编码	100011
电　　话	010-64267325　64245264（传真）
网　　址	www.1980xd.com
电子邮箱	xiandai@vip.sina.com
印　　刷	北京瑞禾彩色印刷有限公司
开　　本	710mm×1000mm　1/16
印　　张	15.75
版　　次	2016 年 5 月第 1 版　2016 年 5 月第 1 次印刷
书　　号	ISBN 978-7-5143-4698-5
定　　价	59.80 元